Se libérer de ses ex

Laurence Ostolaza
avec la participation de
Saverio Tomasella

Se libérer de ses ex

Odile Jacob

© Odile Jacob, mai 2019
15, rue Soufflot, 75005 Paris

www.odilejacob.fr

ISBN : 978-2-7381-4537-6

Avant-propos

L'idée d'écrire cet ouvrage est venue d'un constat à la fois personnel et professionnel.

Autour de moi, beaucoup de couples se séparent. Ils sont de plus en plus nombreux à se déchirer, à s'insulter, à s'humilier et à utiliser leurs enfants comme moyen de pression.

Ces enfants font le douloureux apprentissage de la garde alternée, un système qui donne bonne conscience aux parents, mais provoque une sorte de « dédoublement psychique » pour les enfants : deux maisons, deux garde-robes, deux univers et parfois deux couples parentaux !

Beaucoup de ces enfants m'ont avoué avoir hâte de quitter ce nid double pour aller faire des études « ailleurs » et vivre dans un lieu unique, stable, sans valise à traîner.

Un journaliste est témoin de son temps. De ce fait, j'ai recueilli des témoignages attestant la misère affective au sein de bien des couples qui vivent la violence au quotidien. Verbale ou physique, cette violence est irrecevable.

Que dire aussi des viols conjugaux dont on ne parle pas et qui sont pourtant répandus ? Un acte sexuel doit être consenti même entre époux… Le fameux « devoir conjugal » est une notion obsolète. Depuis 1992, la loi reconnaît la notion de viol conjugal. Par conséquent, le « devoir conjugal » n'existe plus. Une personne est entièrement libre de refuser les avances de son partenaire, même s'ils sont mariés. Le mariage ne donne plus le droit de disposer du corps de l'autre depuis trois décennies.

Qu'ils soient unis ou séparés, les couples connaissent des violences. Les partenaires, hommes ou femmes, se tyrannisent.

Interloquée, je constate qu'en France l'année 2018 a connu une hausse des viols de 17 % et de 20 % des agressions sexuelles. Déjà l'année 2017 avait enregistré une augmentation de 11 % des violences sexuelles.

Médusée, je regarde aux informations ces deux policiers du 36 quai des Orfèvres condamnés à sept ans de prison ferme pour avoir violé une femme dans les locaux de la police !

Le mouvement #MeToo (qui pousse les femmes à révéler qu'elles ont été victimes de violences sexuelles) n'en est peut-être qu'à ses balbutiements…

Introduction

Retourner avec son ex ? Quelle idée !

Pourquoi donc autant de femmes et d'hommes persistent à renouer avec leur ex après avoir connu les affres du chagrin d'amour et des déboires bien pire encore ?

Je constate qu'à tout âge bon nombre de gens retournent avec leur ancien partenaire.

Et cela est, pour ainsi dire, devenu un phénomène de société, exploité au cinéma à deux reprises pour la seule année 2017 : *Les Ex* de Maurice Barthélemy, long métrage populaire, quand Arnaud Desplechin aborde la question sous l'angle plus allégorique dans *Les Fantômes d'Ismaël*.

Les réseaux sociaux, Facebook et autres « Copains d'avant » facilitent le développement de ces retrouvailles qui étaient encore impossibles il y a une quinzaine d'années.

Parfois même, vingt ans après, un amour de jeunesse réapparaît, portant étonnamment l'espérance de fraîches retrouvailles au parfum d'adolescence. Nostalgique ? Facile ? Rassurant ?

Reconnecter avec son ex, c'est un peu tout cela à la fois. L'herbe, se dit-on, après moult déceptions, n'est-elle pas forcément plus verte là-bas, dans cet autre espace-temps pourtant révolu à jamais ?

Définitivement révolu car on ne retrouve jamais l'émotion du tout premier baiser avec le même partenaire. Les neurosciences nous apprennent que le plaisir s'érode avec la « pratique » et que le « déjà-vécu » éloigne l'amant passionné des extases naissantes.

On appelle cela l'« adaptation hédoniste ». La passion s'émousse car les connexions neuronales s'usent et font disparaître le plaisir stimulé par la seule nouveauté.

Le succès et la pérennité du couple se nichent donc là : réinventer, étonner, muter, surprendre, changer coûte que coûte.

L'époque pousse volontiers à l'infidélité, il est donc aisé de changer de partenaire dès que l'ennui conjugal pointe le bout de son nez.

Mais les nouveaux héros de la conjugalité, eux, ont bien compris qu'il ne faut pas changer la valeur constante mais bien les variables. Cette règle mathématique s'appliquerait-elle ainsi à l'amour ?

Les amoureux des temps modernes s'attaquent au challenge le plus difficile du XXIe siècle : faire perdurer l'amour.

À l'ère des nanotechnologies, de l'hyperconnectivité et des miracles de la médecine contre le vieillissement, le couple reste une alchimie magique.

Peut-on vivre heureux à côté du même compagnon pendant cinquante ans ? Est-ce souhaitable ? Est-il plus stimulant d'enchaîner les « CDD amoureux » pour booster sa libido ?

ou de s'ancrer au rare amour véritable quand on a la chance de le trouver dans sa courte vie ?

Une chose est sûre : cumuler les échecs et les deuils affectifs altère la qualité du psychisme, compromet la stabilité émotionnelle et malmène l'espoir. Le désenchantement touche la plupart des quadragénaires que j'ai rencontrés au cours de cette enquête.

Bien pire que le désespoir, le désenchantement nous prive de l'énergie de recommencer, de se relever avec la même joie enfantine propre à l'état amoureux. La féerie est de nouveau possible quand on a la compétence de régénérer ses sentiments et son instinct de vie.

Peu de gens, hélas, sont dotés de ce talent, vraie promesse de bonheur, car il rend l'âme éternellement joyeuse.

Il serait donc moins nocif de ne pas multiplier les tentatives infructueuses qui délavent les regards et courbent les silhouettes.

Collectionner les ex est ainsi devenu monnaie courante pour ceux qui ont cumulé les histoires brèves. Il leur faut donc ranger ces anciennes vies, consignées au placard, à l'image des feuilles d'impôt.

Même au plus haut niveau de l'État, les ex-conjoints posent problème. Une première dame se venge de ne pas avoir été épousée, puis d'avoir été trompée et, enfin, quittée. Elle lâche les chiens dans un livre où l'on devine le dépit de la femme délaissée.

L'abandon serait-il le levier de la souffrance des ex ?

Souvenez-vous d'une autre célébrité, la princesse Diana, qui confia en *prime time* à la télévision devant la nation tout entière que Camilla Parker-Bowles avait détruit son couple. Camilla, l'ex que l'on n'attendait pas…

Loin des palais et des paillettes, nombreuses sont les victimes anonymes des anciennes vies mal reprisées.

Les ex sont des livres rangés sur des étagères. Parfois, certains les ferment mal, ce qui occasionne des désastres en tout genre.

Des vies saccagées à cause de ces anciens importuns qui se vengent et s'accrochent, déversent leur haine car il ne leur reste que ça.

Ils lancent des entreprises de destruction massive entraînant des dégâts collatéraux sur de jeunes victimes innocentes, les enfants. Des faits divers fréquents en témoignent malheureusement.

Mettre l'ex à distance et le considérer d'une façon saine est donc l'objectif prioritaire pour bon nombre de nouveaux couples qui tentent de refaire leur vie malgré l'intrus(e) qui ne les lâche pas. Par ego, par orgueil, par tyrannie, par rigidité ou par blessure, aussi. *N'oublions pas que l'infidélité est la première cause de divorce.*

L'enjeu de bien réguler ses relations avec un ex est important puisque aujourd'hui 8 % des familles françaises sont recomposées. Un enfant sur quatre en France ne vit plus avec ses deux parents biologiques, et 600 000 personnes vivent avec les enfants de leur conjoint.

Si l'on dénombre à ce jour 130 000 divorces annuels dans notre pays, n'oublions pas que l'on y célèbre aussi deux fois plus de mariages*.

L'amour reste donc un idéal en France, comme ailleurs dans l'ensemble du monde occidental.

---

* Insee, enquête *Famille et logements 2011*, publiée en octobre 2013.

Reste à comprendre comment préserver cet amour si précieux. Nous espérons donc vous donner des clés pour trouver enfin la paix en soi, avec l'autre aussi, et découvrir le Graal amoureux.

Pour vous aider à y voir plus clair, nous partirons chaque fois d'une difficulté vécue avec un ex-conjoint, illustrée à travers des témoignages, puis nous vous proposerons une série de questions et de réponses qui vous permettront d'approfondir votre réflexion et de repérer, dans votre histoire, ce qui peut ressembler aux situations que nous évoquons et comment vous pouvez trouver une issue favorable à vos problèmes.

CHAPITRE 1

Quitter. Décider de partir : pourquoi ?

Devant le nombre de divorces (un mariage sur deux à Paris), on ne peut que s'interroger sur les raisons qui poussent les gens à se quitter puis à tenter de reconstruire une nouvelle vie.

Les raisons de se séparer de l'autre sont nombreuses. Frustration ? Inaptitude à l'effort ? Inconstance ? Insatisfaction de fond ? Caprice de bonheur ou refus du bonheur ? Probablement un peu tout cela à la fois.

On est insatisfait car on vit dans une société riche dans laquelle l'amour est une quête qui paraît incongrue dans les pays pauvres où le premier objectif est de se nourrir et de se loger. Avant d'aimer, d'être amoureux ou épanoui sexuellement, il faut d'abord survivre. Nous sommes loin de cela. Le bonheur se situe dans la jouissance à tout prix, le refus de la contrainte, de la frustration, de la patience, des sacrifices pour l'autre.

Serait-ce une forme d'inaptitude à l'effort ? Notre tendance à la surconsommation nous pousse à faire moins d'efforts en amour, car nous pensons que la rencontre d'après sera peut-être plus agréable ou qu'une nouvelle personne sera plus compatible avec notre caractère. D'où l'inconstance dans les relations de couple et l'infidélité.

L'évolution de la société y est pour beaucoup. L'allongement de la durée de vie tout d'abord. Imaginez que vous rencontriez l'âme sœur à 25 ans, et que vous viviez jusqu'à 90 ans. Résultat : soixante-cinq ans de bonheur avec la même personne. Est-ce possible, impossible ?

Les anciennes générations l'ont fait, au prix de moult concessions, sacrifices, infidélités, mensonges, arrangements, etc. (donc sans vrai bonheur). Il existe pourtant quelques notables exceptions.

L'émancipation économique de la femme est aussi un facteur déterminant. Ne plus subir un mari radin, violent, volage est possible depuis que les femmes gagnent leur vie. Un autre phénomène a également potentialisé les séparations : la surconsommation de relations amoureuses *via* les réseaux sociaux et les sites de rencontres.

Ces grands supermarchés de la rencontre et du sexe nous ont menés jusqu'à la boulimie sentimentale, voire érotique, jusqu'à un zapping qui donne le tournis et qui nous fait *croire que la personne suivante sera forcément mieux*…

Erreur, nul n'est parfait. Le site Meetic l'a bien compris, il a axé l'une de ses récentes campagnes de publicité sur les imperfections de l'être humain.

Autre évolution technologique, l'apparition des smartphones a facilité l'adultère. Désormais, chaque conjoint peut cadenasser son intimité par des codes secrets, avec empreinte digitale ou oculaire.

L'amour durable apparaît donc comme le dernier défi du XXIe siècle. Comment lutter contre la fin de l'amour, l'érosion du désir, l'extinction des sentiments ?

Qui découvrira le moyen de préserver la magie de deux êtres faits l'un pour l'autre ?

Les recherches en neurosciences donnent des pistes importantes :

– admirer, partager des activités met nos cerveaux en résonance ;
– changer les habitudes le plus souvent possible pour éviter la routine, pour stimuler la créativité et créer de nouvelles connexions neuronales ;
– bannir le reproche, en étant plutôt dans une confrontation saine mais sans affrontement. En clair, communiquer sans violence.

Voilà résumées, en quelques mots, les clés de l'amour moderne durable. Stimuler, encore stimuler, et ne jamais rien prendre pour acquis, s'émerveiller de l'autre tous les matins, car le bruit de la clé dans la serrure de la porte peut un jour disparaître.

Nous allons essayer de comprendre, à partir de témoignages poignants, la genèse de la fin d'un amour. Elle est parfois la conséquence d'une illusion dès la première rencontre, d'un manque de discernement, d'une fausse croyance aussi. Se tromper sur l'être aimé est le terreau de l'échec, une erreur de routage qui trouve souvent son origine dans les attachements affectifs ou les traumatismes de l'enfance, parfois aussi dans une haute idée de soi, le nombrilisme ou la malhonnêteté, car le manque de lucidité peut être un mensonge à soi-même.

Quand la situation est devenue invivable ou révoltante

Jules ou la menace de suicide

Jules a 50 ans. La séparation d'avec son ex-compagne était devenue inévitable pour lui, tellement la vie commune était impossible. « C'est moi qui ai décidé de partir. Je ne me sentais pas suffisamment fort pour supporter cela (une forme de bipolarité, a priori*…). » Quel a été le déclencheur ? « Une horreur, une tentative de suicide par immolation : elle a pris un bidon d'essence au magasin (on en a toujours) pour se mettre le feu, je lui ai repris, ce n'est pas allé plus loin. Mais tout de même, c'était horrible ! » Il ajoute : « Cela m'a vacciné, tellement c'était dur, triste, traumatisant… »*

L. O. – Jules ne s'est pas rendu compte que sa compagne souffrait d'une forme de bipolarité. Il regrette de ne pas avoir repéré ce trouble. Y a-t-il des signes pour être alerté de cette maladie ?

S. T. – Laissons aux psychiatres leurs diagnostics et leurs étiquettes psychopathologiques, qui varient d'une culture à l'autre et d'une époque à l'autre. L'important est de se rendre compte dès que possible de ce qui nous semble insupportable dans une relation amoureuse, du fait de paroles, de comportements ou d'attitudes qui nous paraissent insensés. Cela peut être de la violence, des propos injustifiés, une façon de penser qui ne nous convient pas ou qui heurte notre sensibilité, une manière d'être en dehors de la réalité ou de ne pas vouloir tenir compte des évidences, une incapacité à se remettre en question, une tendance à tout le temps rejeter la faute sur l'autre, etc.

L. O. – D'où vient la culpabilité de Jules ? Il apparaît comme le bon samaritain qui veut aider l'autre.

S. T. – Le sentiment de culpabilité ne découle pas forcément d'une culpabilité réelle. Il naît d'un sentiment d'échec ou d'impuissance, des regrets de ne pas avoir pu faire mieux, voire des reproches de l'autre ou de sa souffrance. Nous nous sentons mal, nous nous en voulons de ne pas avoir réussi : à tenir, à mieux arrondir les angles, et même à soigner l'autre, à le « réparer ». Vouloir sauver l'autre, même inconsciemment, conduit à supporter bien des tourments et, parfois, à souffrir à sa place. C'est le monde à l'envers !

L. O. – Où ce syndrome peut-il trouver sa source chez Jules ? Y aurait-il une part de masochisme dans son attitude ?

S. T. – Inévitablement, un masochisme moral profond intervient dans cette forme de dévouement extrême qui peut tourner au sacrifice de soi. Jusqu'à une limite saine, lorsque Jules ne peut plus supporter la situation insensée et qu'il met un terme à la relation. On peut d'ailleurs se demander si sa compagne n'a pas provoqué inconsciemment une séparation qu'elle sentait venir…

Victoria vit un brusque retournement de situation

Victoria, 41 ans et mère d'un enfant, n'a pas décidé de partir. « La rupture a été très inattendue et très violente. Il m'avait invitée au restaurant la veille pour mon anniversaire et offert un très beau cadeau. Lors de ce repas, je lui ai clairement dit que je n'avais jamais voulu être la maîtresse d'un homme. Lorsque je suis arrivée à mon bureau le lendemain j'avais un e-mail de rupture. Se sont ensuivies différentes tentatives de rappels sur mon portable, totalement opposées à ses mails qui laissaient clairement transparaître un réel détachement... Il m'écrivait qu'il était marié, qu'il aimait sa femme à 1 000 % et que je devais arrêter de le draguer car il n'y avait rien entre nous ! » Victoria a été extrêmement surprise par cette volte-face. Elle ne souhaitait pas se séparer de lui, elle n'avait d'ailleurs même pas envisagé cette issue, mais il est vrai qu'elle ne voulait pas de cette position de maîtresse dans leur histoire.

L. O. – Qu'est-ce qui surprend dans l'attitude du compagnon de Victoria ? Son double discours aurait-il pu être un signal d'alarme ?

S. T. – Nous sommes surpris, en écho avec l'énorme mauvaise surprise de Victoria, parce que nous connaissons l'issue de cette histoire, mais il est fort possible que cet homme si peu honnête et si peu scrupuleux n'ait laissé transparaître aucun signe avant-coureur, ou même ait tout fait pour fomenter la brutalité d'un effet de surprise dévastateur. Effectivement, dans ce type de situation, il vaut mieux être attentif aux contradictions et aux incohérences qui peuvent mettre sur la piste d'un double discours, d'une duplicité, donc d'un mensonge.

Certaines personnes mettent des années à découvrir que leur partenaire mène une double vie… ou n'a pas de bonnes intentions contrairement à ce qu'il prétend.

L. O. – À partir de quel comportement aurait-elle dû mettre fin à la relation ?

S. T. – Évidemment, le plus simple est de ne pas se lancer dans une relation avec un partenaire déjà engagé par ailleurs dans une autre relation amoureuse ou déjà marié. Cela semble le bon sens même et constitue la meilleure protection préalable. Pour autant, les mystères de l'amour sont bien souvent impénétrables ou, en tout cas, d'une telle puissance qu'il peut sembler difficile de résister à leur force d'attraction. Une fois que la relation s'est installée, il est tout de même possible de percevoir concrètement si l'autre met en place des actions réelles pour se dégager de son autre relation, ou si elle (ou il) s'en accommode, sans rien changer.

L. O. – L'aveuglement amoureux est-il une constante quand on accepte une relation avec une personne mariée ou non libre ?

S. T. – La position d'amant ou d'amante est inconfortable par nature, parfois périlleuse même, en tout cas risquée. Il est nécessaire de se cacher, de dissimuler, de mentir et cela semble souvent prendre part à l'excitation des rendez-vous amoureux ou même être la principale source d'excitation, avec cette confusion fréquente entre excitation et érotisme. À cela s'ajoutent d'autres formes de jouissance : transgresser un interdit, attirer l'attention sur soi, être le ou la préféré(e), rivaliser avec l'autre partenaire, voire se croire capable d'apporter un véritable amour alors que le rival ne le peut pas ou pas autant que soi, etc. Bref, c'est une fabrique à fantasmes en tous genres !

L. O. – N'y a-t-il pas dans cette démarche une donnée masochiste ?

S. T. – Là encore, c'est possible, mais pas systématique. La position masochiste peut se trouver dans l'acceptation d'une place inférieure, le fait de croire que l'on ne mérite pas mieux, la soumission à des humiliations à peine voilées (horaires restreints ou étranges, entrevues limitées, phases d'ignorance entre deux rendez-vous, être toujours au second plan, voire invisible), avec la jouissance qu'apporte, dans ce cas, le fait d'être rabaissé(e). Ce masochisme devient alors le moteur de la relation, qui doit continuer, malgré toutes les souffrances qu'elle engendre, pour que la jouissance morbide puisse perdurer. C'est un véritable cercle vicieux, de plus très destructeur.

Sofia veut tuer sa rivale

Sofia a 40 ans. Elle a un enfant. C'est elle qui a choisi de se séparer de son mari. « J'ai décidé de partir de multiples fois puis la dernière fut la bonne grâce à la rencontre avec mon mari actuel. Mon ex-mari était dans une situation affective très compliquée avec l'une de ses ex (de très longue date). Un sentiment de culpabilité absolu envers elle qui l'a poussé à me mentir et à entretenir avec elle une relation parallèle (platonique mais omniprésente). Avec les années, j'ai commencé à ressentir de la haine pour cette femme. J'ai imaginé des choses terribles qui ne me ressemblaient pas du tout... Je rêvais que je tuais cette femme. »

L. O. – Comment expliquer la loyauté du compagnon de Sofia à son ex-compagne dans une relation platonique ? De quelle loyauté s'agit-il ?

S. T. – De notre place de témoins extérieurs, nous pouvons effectivement supposer qu'il s'agit de loyauté. Pour autant, il est probable que cet homme, lui, ne s'en rende même pas compte. Soit il se croit obligé de s'occuper de son ancienne épouse en obéissant à un devoir moral de soutien personnel et financier, soit il n'arrive même pas à arrêter la relation précédente, comme s'il était ficelé à sa femme d'alors ou tellement fondu en elle qu'il ne parvient pas à s'en différencier.

L. O. – Y a-t-il de l'amour entre le compagnon de Sofia et son ex ? Il ne veut pas l'abandonner, qu'est-ce qui se joue dans cette dépendance ?

S. T. – En fait, il ne peut pas la lâcher. Il s'agit donc bien d'une forme très profonde de dépendance, mais pas vraiment d'amour. L'attachement n'est pas un signe d'amour. Il s'agit seulement d'attachement, or cette confusion entre attachement et amour rend les relations affectives très compliquées, presque impossibles à vivre. Cette confusion est fréquente. Elle induit une mauvaise lecture de la réalité dans la relation, lecture faussée ou biaisée qui peut devenir funeste.

L. O. – Qui manque de courage dans le couple ?

S. T. – Ici, il s'agit d'un triangle des Bermudes, d'une sorte de ménage à trois chaotique. Les trois partenaires de ce trio maudit manquent de courage, dès le début, dès que la situation bancale se met en place.

L. O. – Pourquoi Sofia accepte-t-elle si longtemps cette torture ?

S. T. – Le plus souvent, une personne qui est embourbée dans un marécage relationnel croit naïvement que la situation va s'arranger toute seule, presque par magie. Elle se leurre elle-même. Ces individus se disent volontiers : « Avec le temps, ça passera. » Ce qui est faux, car non seulement la situation ne s'arrange pas mais elle empire et devient de plus en plus invivable, usante, décourageante.

L. O. – Quelle est la place de l'abandon chez Sofia comme chez son compagnon ?

S. T. – Dans une relation affective, la peur de l'abandon ou de la séparation (qui en est une forme atténuée) peut être extrêmement forte, irrationnelle et dicter des comportements invraisemblables.

Fanny s'est sentie prise au piège

Fanny a 40 ans. Elle explique son choix de quitter son mari. « J'ai décidé de partir le jour où un huissier est venu me remettre en main propre une lettre m'informant que j'avais cinq loyers de retard, pour un montant qui s'élevait à près de 10 000 euros. Je n'étais évidemment pas du tout au courant. Cela a été la goutte d'eau qui a fait déborder le vase. Encore un mensonge autour de l'argent. Le tout premier était venu quatre ans plus tôt, une semaine après notre mariage religieux, sur l'île de Santorin en Grèce. Son père m'annonçait que mon mari volait des bouteilles de vins dans la cave de son Relais & Châteaux, une des plus grandes et des plus belles caves de France. Voilà comment il me faisait croire qu'il travaillait comme négociant en vin. En fait, pendant toute la période où nous avons été ensemble, il a travaillé six mois dans un hôtel. Juste le temps de percevoir des allocations chômage pour quelques mois. Entre-temps, j'ai été obligée de contracter plusieurs crédits, crédits à la consommation, crédits bancaires, tout était à mon nom parce que lui n'en avait pas le droit. C'est ce qu'il me disait... »

L. O. – Sur quoi portait la manipulation du compagnon de Fanny ?

S. T. – Il s'agit avant tout de mensonges, d'une existence entière construite sur le mensonge, donc d'une malhonnêteté fondamentale au cœur de la relation. Ensuite viennent les manipulations qui imposent à Fanny de porter le poids financier des extravagances et de l'immaturité de son mari.

L. O. – Fanny aurait-elle pu réagir plus tôt, c'est-à-dire à la première menace ?

S. T. – Oui, bien entendu. Idéalement, Fanny aurait pu refuser de se marier ou quitter son mari lorsqu'elle apprend qu'il vole et surtout lorsqu'elle comprend qu'il ne veut pas travailler. Dans la réalité, c'est plus difficile que sur le papier, car elle était certainement en proie à une sorte de confusion, au confluent de plusieurs influences : vouloir croire que ce n'est pas si grave et que cela va s'arranger ; sentir peser sur elle les contraintes familiales ou sociales ; ne pas réussir à se dégager des manipulations de son mari. Il y avait probablement, en plus, une forme de sidération, d'immobilisation, voire d'hypnotisation, tellement la situation pouvait lui paraître irréelle ou inextricable.

*

À partir des témoignages de Jules, Victoria, Sofia ou Fanny que nous avons recueillis, même si les situations sont diverses nous pouvons constater que la décision de la séparation découle surtout de l'impossibilité de continuer à vivre une relation qui est devenue une impasse parce que toxique, voire destructrice.

L'extinction des sentiments ou la mésentente parentale

Nous allons voir que, dans d'autres cas, la séparation est motivée par la fin de l'amour, ou une mésentente durable et sans issue.

Les retrouvailles avec une personne aimée précédemment peuvent aussi être une motivation pour quitter l'autre. Plus rarement, il s'agit d'une décision prise en commun, sur l'initiative de celle ou celui qui souffre le plus. Enfin, des divergences importantes dans la façon d'être en relation avec les enfants, sur des choix éducatifs, aboutissent fréquemment à une séparation.

Matthieu ne ressent plus d'amour pour son épouse

Matthieu a 49 ans. Il est père de trois enfants. Il se souvient : « Un jour, j'ai pris la décision de partir. La première raison m'ayant décidé, c'est que je ne ressentais plus aucun sentiment pour la personne qui était censée être la femme de ma vie. Il y avait bien sûr d'autres raisons pour lesquelles je désirais partir… Par exemple, les conflits quotidiens sur le travail, la famille, l'éducation des enfants, bref tout était motif à des querelles incessantes. Il n'y avait aucun répit, aucune satisfaction à être ensemble et, après être allé voir une psychologue, le bilan était simple : on ne se supportait plus, je ne l'aimais plus. » Lorsqu'il l'annonce à son épouse, elle fait une tentative de suicide en prenant à partie les enfants.

L. O. – Dans le cas d'une tentative de suicide, doit-on céder au chantage ?

S. T. – Il est très difficile de répondre à cette question. La sagesse serait de dire : « Ne cédez pas à cette odieuse forme de chantage et de prise en otage », c'est évident, mais dans la réalité la pression de la menace de mort est d'une telle puissance qu'il est quasiment impossible de ne pas se laisser impressionner, ne serait-ce qu'un peu. Le plus important est alors d'empêcher le passage à l'acte suicidaire, en retirant les médicaments, le couteau ou tout objet qui pourrait servir à la mise à mort de la personne en crise, puis d'appeler au plus vite les pompiers. Dans un second temps, bien entendu, il est recommandé d'inviter cette personne à consulter un professionnel de la psychothérapie (psychiatre, psychanalyste, psychologue) pour comprendre ce qu'elle met en scène dans ces moments de crise violente et comment elle peut s'en libérer, pour éviter de rejouer aveuglément le même scénario.

L. O. – Comment se défaire de la culpabilité après une menace de suicide ?

S. T. – Là encore, ce n'est pas évident. Même si l'on sait pertinemment, en son âme et conscience, que l'on n'a rien fait sciemment pour pousser l'autre dans de telles extrémités, et qu'il s'agit d'une réaction désespérée, excessive, voire théâtrale ou manipulatrice, la personne qui choisit de quitter l'autre peut facilement se sentir coupable d'avoir engendré une telle réaction. D'une part, on peut se dire que cette crise est révélatrice, une fois de plus, de la mauvaise qualité de la relation, ainsi que de la fragilité ou même d'un trouble psychique du conjoint. D'autre part, il était probablement plus que temps de mettre fin à une situation dont la violence n'aurait probablement fait qu'empirer. Enfin, personne ne peut être tenu pour responsable de quelque chose qu'il n'a pas réellement voulu ou souhaité, notamment la souffrance de l'autre. On peut s'en attrister, en être désolé, voire le regretter, faire preuve d'une sincère empathie, mais il ne serait pas sain de rester avec une personne que l'on n'aime plus ou que l'on ne supporte plus, sous prétexte de ne pas la faire souffrir ou, pire, au motif qu'elle ne supporterait pas la séparation.

L. O. – L'instrumentalisation des enfants est-elle une preuve de perversité ou de simple malveillance ?

S. T. – Oui, c'est un signe d'abus de pouvoir et de volonté de domination, voire de vengeance par la destruction. Il s'agit de perversité, si cette instrumentalisation est décidée en toute conscience pour faire du mal aux uns et aux autres, ou de malveillance, dans tous les autres cas, indéniablement. Même s'il peut sembler tentant d'utiliser les enfants pour faire pression contre le partenaire qui part ou pour le blesser à travers eux, un agissement aussi égoïste et mesquin va malheureusement laisser des traces profondes dans leurs mémoires et dans leurs cœurs.

Stéphane est constamment dévalorisé

Stéphane a 47 ans. Il est père de trois enfants. Son ex-femme se consacrait exclusivement à sa carrière. Peu à peu, les sentiments ont déserté le couple. « J'ai décidé de partir parce que non seulement il n'y avait plus d'amour, mais il n'y avait même plus de bonne entente et de respect. »

L. O. – À quoi sont dus généralement les reproches permanents dans un couple ?

S. T. – Les motivations des reproches sont variées. Il peut s'agir d'une insatisfaction profonde, qui n'est pas directement liée à la relation mais constitue une tendance de fond de la personne qui se plaint. D'une insatisfaction qui découle d'un manque d'amour réel dans le couple, de part et d'autre ou de la part d'un partenaire en particulier. D'une déception suite à l'idéalisation des débuts : l'autre est désormais perçu dans sa réalité nue, avec tous ses défauts… Dans des cas plus rares, il peut aussi être question de malveillance, d'une sorte d'entreprise systématique de déstabilisation, voire de destruction.

L. O. – Peut-il s'agir d'une volonté inconsciente de saborder l'histoire ?

S. T. – Oui, certaines personnes ne supportent pas l'amour, le bonheur ni l'épanouissement de leur conjoint dans la relation avec les enfants. Ils font alors tout ce qu'ils peuvent pour saborder leur histoire.

L. O. – Y a-t-il un impact des reproches sur notre confiance en soi ?

S. T. – Les reproches ont indéniablement un effet très négatif sur la personne à qui ils sont destinés : perte de confiance en soi, baisse de moral, chute du taux de sérotonine (appelée « hormone du bonheur »). Si les reproches sont trop fréquents ou répétés, ils peuvent entraîner une déprime durable, voire une dépression.

L. O. – Les tempéraments dominateurs et autoritaires, comme celui de l'ex de Stéphane, sont-ils décelables au début d'une histoire ?

S. T. – Les tempéraments autoritaires sont repérables dans de nombreuses situations, dès le début de la relation. Stéphane s'était laissé choisir par son ex-épouse, il l'avait laissé organiser le mariage à sa façon à elle, choisir la maison, définir l'emploi du temps au quotidien, etc. Il s'était rendu compte très vite que cette femme était dominatrice, et n'avait pas osé s'opposer à elle.

L. O. – Stéphane pouvait-il mettre fin au harcèlement plus tôt ?

S. T. – Oui, le plus tôt est le mieux. En matière de harcèlement, plus vite on s'y oppose en posant des limites très claires, moins on le laisse se développer et devenir envahissant. Cela dit, si la tendance au harcèlement est puissante et tenace, il n'y a pas d'autre issue possible que la séparation et l'éloignement.

Noémie

Noémie a 39 ans. Elle est la mère de deux enfants. Après une brève période de bonheur conjugal, la relation avec son mari s'est dégradée de plus en plus, au point qu'il dort dans le salon, l'évite, l'insulte devant les enfants, la trompe régulièrement et répand sur elle des rumeurs infondées dans la petite ville où ils habitent. Sur les conseils de ses proches, Noémie décide de divorcer.
« Nous avons vu plusieurs thérapeutes de couple, sans succès, sans même la moindre amélioration. J'aurais voulu pouvoir relancer notre couple, mais il a tout fait pour me dégoûter, et ses parents lui ont encore plus monté la tête contre moi, comme si j'étais devenue l'ennemie à abattre. Et, en effet, c'est devenu la guerre. J'étais épuisée, je ne mangeais plus, je ne dormais plus, je ne savais plus comment faire. Un vrai cauchemar. »

L. O. – Le dénigrement n'est-il pas un signe de mésentente ? Doit-il servir de première alerte ?

S. T. – Le dénigrement est un signe de désamour et d'irrespect envers l'autre. Il met donc en évidence une mésentente profonde. Ici, cette mésentente débouche sur une forme de harcèlement pervers de la part du mari pour abaisser Noémie, lui faire perdre confiance en elle et, probablement, la réduire à néant, l'écraser.

L. O. – La perte d'intimité est-elle un signe obligatoire de fin d'un couple ?

S. T. – Tout dépend de l'âge des protagonistes. La disparition de la sexualité après 75 ans n'a pas les mêmes répercussions qu'à 35 ans ou même à 50 ans. Le plus souvent, la fin de l'intimité correspond à la fin de la relation amoureuse, donc annonce la fin du couple.

L. O. – Comment Noémie aurait-elle pu mieux se protéger ?

S. T. – Elle a fait beaucoup pour se protéger par elle-même, mais elle a été naïve trop longtemps, croyant pouvoir arranger la situation. La difficulté pour elle a été d'ouvrir les yeux sur une belle-famille retorse, particulièrement vicieuse, d'accepter qu'il s'agisse vraiment de perversion, donc de malveillance envers elle, puis de comprendre qu'elle ne pouvait rien faire d'autre que de divorcer, en choisissant un avocat suffisamment courageux pour bien la défendre.

Paul retrouve un amour de jeunesse

Paul est un homme de 53 ans, père d'un enfant. Un soir, il retrouve une femme qu'il avait aimée dans sa première jeunesse et tombe de nouveau amoureux d'elle : « Après avoir avoué la situation à ma femme (elle connaissait Ève depuis le début, car, sans l'avoir rencontrée, elle savait que c'était mon ex-compagne), j'ai longtemps mis cela sur le compte de sa possessivité et de sa jalousie, car de mon côté au cours de ces vingt-quatre ans, j'avais évité de m'étendre sur le sujet de ma vie avant elle, et quand elle me questionnait sur Ève, je la rassurais (quitte à mentir, pour ne pas attiser les choses) sur les qualités de mon ancienne amoureuse ou les sentiments que j'avais eus pour elle.

» À ce moment-là, je lui ai dit ne pas vouloir la quitter, mais j'ai été franc sur la force des sentiments que je ressentais pour Ève et je lui ai aussi avoué ne pas vouloir rompre avec Ève. Quand je lui ai avoué

ma liaison, elle a senti que le problème allait être sérieux. Les quatre semaines qui ont suivi ma confession ont été apocalyptiques. Une plongée dans un torrent glacé et tourbillonnant. Tout de suite après mon aveu, elle est allée chercher notre fils dans sa chambre pour lui dire : "Regarde ce que ton père est en train de me faire." Dans la foulée, elle a appelé toute ma famille pour leur raconter également (ma mère de 85 ans, mon frère, mes deux sœurs, alors que je n'avais pas annoncé que je la quittais). Ensuite, ce fut un mois de menaces de sa part (suicide, prévenir le mari d'Ève qui ne savait rien...), de nuits sans sommeil, de cris et de violence verbale (dont elle était coutumière de toute façon). Durant cette période, elle m'a fait écrire un mail de rupture à Ève qu'elle m'a dicté, m'a fait lui laisser un message téléphonique pour finalement m'arracher le téléphone et la menacer. J'ai cédé à tout ce qu'elle demandait, tout en prévenant Ève de ne pas en tenir compte. Connaissant mon épouse, je pense qu'elle savait bien que cette "rupture" imposée ne pouvait pas être sincère. Quand Ève m'a demandé pourquoi elle me faisait faire cela si elle savait pertinemment que ça n'avait aucune valeur à mes yeux, je lui ai dit que je pensais que c'était pour lui montrer (à elle, Ève) à quel point j'étais lâche et à quel point elle me "maîtrisait", au moins dans mes actes. Et elle avait raison. Je faisais ces choses pour apaiser un peu l'éruption volcanique, autant que par peur de l'affrontement, par lâcheté, par peur d'elle. Je me méprisais de ne pas avoir le courage de lui dire non. Je suis quelqu'un qui a du mal avec le conflit. Dans ma vie, la seule personne avec qui je me disputais était mon épouse. Depuis le début, cette relation était compliquée et épuisante émotionnellement. Je suis resté toutes ces années en faisant l'autruche et en "fuyant" grâce à mon travail pour lequel je voyage beaucoup. Tout dans notre vie était compliqué. Sa jalousie, sa mythomanie, son rapport à l'argent complètement dysfonctionnel (emprunt d'argent à tout le monde autour d'elle, chèques en bois, vol de ma CB professionnelle pour faire des dépenses, vol de l'argent liquide que je recevais dans le cadre de mon travail pour payer des frais professionnels). Comportement dont j'étais complice d'une certaine façon en laissant faire et en la laissant gérer nos finances, bien que je connaisse ses travers. En revanche, je l'aimais, elle me fascinait d'une certaine manière. Nous n'avions plus de relations sexuelles depuis de très nombreuses années (cela avait toujours été catastrophique, depuis le tout début), mais je ne suis pas certain que j'aurais eu la force de la quitter si je n'avais pas croisé à nouveau la route d'Ève. J'étais comme anesthésié. Mon entourage, les personnes qui nous côtoyaient se demandaient comment j'avais tenu vingt-quatre ans. Moi, je disais comme une boutade que j'aurais le prix Nobel de la paix…

» Après un mois, comme je viens de le décrire, et au milieu d'une journée de dispute particulièrement intense et violente (elle a jeté mon ordinateur, mon téléphone à travers la pièce, a essayé de me frapper), j'ai fait une chose que je n'avais jamais faite en vingt-quatre ans de disputes. J'ai quitté la "scène de dispute". Je lui ai dit que j'allais marcher un peu dans la rue et je suis sorti de notre appartement. J'ai marché, j'ai eu ma sœur au téléphone qui m'a dit : "Pars, prends un sac et viens chez moi tout de suite." Puis j'ai appelé une très bonne amie médecin, qui la première m'a parlé de la personnalité de mon épouse (elle la connaissait). Elle m'a parlé des personnalités perverses, de la relation dysfonctionnelle (victime/manipulateur) que nous avions, m'a dit que non, je n'étais pas un infâme salaud qui voulait quitter sa femme (ce que je croyais, ce qu'elle arrivait à me faire croire), mais que c'était plus complexe et que j'étais sans doute en train de me sauver moi-même. Ç'a été comme un déclic. Un électrochoc. Mon épouse m'a appelé sur mon téléphone (elle avait déjà essayé une vingtaine de fois) et m'a dit : "Nous sommes au coin de la rue (avec notre fils), viens nous rejoindre." Je les ai rejoints et elle m'a dit : "Alors qu'est-ce

que tu fais ? Tu pars ? Tu restes ?" Et j'ai répondu : "Je pars." Je suis monté faire un sac. Elle a eu beau supplier, menacer, ma décision était prise. J'ai quitté la maison avec un sac de voyage, je ne suis jamais revenu. De son côté, pendant ma "promenade", elle avait appelé le mari d'Ève pour lui dire. Il ignorait encore tout. »

L. O. – À quoi correspond la tentation des retrouvailles avec un(e) ex ? Le « déjà vu-déjà vécu » est-il rassurant ? un gage de réussite ? Paul n'est-il pas, en fait, déchiré entre le choix du présent et celui (idéalisé) du passé ? Renouer avec son ex n'est-il pas une façon de magnifier son passé par rapport à son présent ?

S. T. – Il est possible que l'amour de jeunesse rime plus avec liberté, fougue, passion, promesses d'avenir que la relation de maturité sans réel amour ou dont l'amour s'est tari. Si le premier amour a été idéalisé, il peut devenir un mythe, un fantasme après lequel on court sans jamais pouvoir vraiment y accéder. Au contraire, si cet amour de jeunesse était sincère, ce qui semble être le cas pour Paul, les retrouvailles renflamment son cœur, lui font sentir qu'il est capable d'aimer et d'être aimé, donc qu'il n'a aucune raison de sacrifier sa vie en restant avec une épouse qui l'empoisonne. En effet, le fond du problème est là : sa femme se révèle être menteuse, voleuse, manipulatrice, probablement perverse. Elle fait pression sur lui, le tyrannise, l'empêche de vivre et d'être heureux. Il est donc plus que légitime que Paul veuille la quitter. La vraie question est : pourquoi donc ne l'a-t-il pas quittée plus tôt ?

Guy se retire en douceur d'une relation bancale

Guy a 68 ans et deux enfants. Après vingt ans d'une vie commune marquée par les déséquilibres puis la maladie de son épouse, il décide de la quitter. « Nous avons pris cette décision ensemble, mais sur mon initiative. Elle s'est faite dans l'apparence d'un choix accepté et une organisation apaisée, avec des visites des enfants librement proposées, les fêtes d'anniversaires et Noël en commun... Les raisons étaient clairement la conclusion d'un épuisement de ma part à trop accepter et trop supporter pendant trop longtemps. »

L. O. – Comment la maladie d'un conjoint peut venir à bout des forces de l'autre ?

S. T. – Comme Paul, Guy reconnaît avoir « trop accepté et trop supporté ». Lorsque nous faisons trop d'efforts pour qu'une relation se passe bien, quelle qu'elle soit, nous n'aidons pas l'autre à se tenir debout, à se prendre en charge, à se porter lui-même ou elle-même, et nous nous sacrifions. Nous servons de béquille et d'infirmier. Cela ne peut que finir mal. La maladie (mentale ou physique) n'empêche pas la relation amoureuse si la personne malade prend soin d'elle, met tout en œuvre pour guérir et, surtout, n'utilise pas sa maladie comme un moyen de pression sur l'autre, ou de chantage. En revanche, lorsqu'une maladie devient un prétexte pour se reposer sur l'autre, peser sur lui, lui en demander encore et toujours plus et se placer en victime, alors elle entraîne tout le monde dans une forme de catastrophe annoncée. Il ne s'agit donc pas forcément de choisir un partenaire absolument en « bonne santé », mais plutôt d'éviter de jouer les sauveurs avec des personnes qui préfèrent jouer les victimes, sachant que ces « victimes » deviennent rapidement des tyrans domestiques.

*

Tous ces exemples montrent la réelle difficulté, voire l'impossibilité, du discernement au début d'une relation amoureuse. En effet, dans les premiers temps, l'effusion et la force des sentiments ne nous permettent pas d'être aussi rationnels que nous pourrions le souhaiter…

Jules ne réalise pas qu'il est face à une femme perturbée, souffrant probablement d'une pathologie non diagnostiquée. Peut-être manque-t-il aussi d'honnêteté envers lui-même en ne s'avouant pas qu'il se complaît dans une relation toxique, qui le valorise en tant que bon samaritain. Mauvais discernement aussi de Sofia face à une dépendance qu'elle n'a pas évaluée entre son compagnon et son ex. La femme de Stéphane a des comportements autoritaires dès le début de la relation mais, à l'époque, il ne les considère pas comme tels.

Voilà toute la complexité de l'amour : garder sa lucidité et une bonne capacité de raisonnement même quand on est amoureux.

Pour autant, ce n'est pas facile : être lucide demande du courage. Il existe bien une clé imparable : considérer les faits, les actes, les comportements avant de se laisser séduire par les paroles ou par les cadeaux. Observer avec le plus de recul possible ce que l'on constate, car les faits sont objectifs, ils révèlent les comportements les plus tenaces…

Les motifs de séparation sont nombreux, complexes et très personnels. On retrouve le plus souvent :

- une nouvelle histoire d'amour, qui semble plus forte ou prometteuse ;
- des violences, des manipulations ou des comportements inacceptables ;
- un délabrement progressif et irrémédiable de la relation.

CHAPITRE 2

Ruptures et séparations : processus et conséquences

L'avantage de l'expérience en amour, c'est que l'on a connu des ruptures. L'avantage d'avoir connu des ruptures, c'est qu'un beau jour on arrive à les anticiper. L'analyse *a posteriori* de nos échecs amoureux sert à cela : aiguiser son intuition sur les situations qui pourraient mener le couple au chaos. Pourtant, en dépit des situations à risques ou du manque d'amour dans la relation, les ruptures peuvent aussi être induites par des difficultés personnelles ou des schémas relationnels particuliers.

Certaines personnes ayant vécu des abandons, et craignant d'en vivre à nouveau, sont en effet plus enclines à cesser les relations pour se réinvestir dans d'autres, et ce très rapidement. Ce sont souvent des personnalités qui se disent « résilientes », qui affirment « se remettre de tout » et « ne jamais regarder le passé ». Elles avancent « sans avoir mal », disent-elles, et sans se rendre compte que les ruptures leur font du mal, à elles comme d'ailleurs à tout un chacun. En étant à l'initiative de la rupture, elles se mettent à l'abri des souffrances de l'abandon qui arriveraient si c'était le partenaire qui les quittait le premier.

Par ailleurs, il y a ceux qui préfèrent la durée. Ceux-là s'astreignent à la stabilité coûte que coûte parce qu'ils en ont psychiquement besoin et qu'ils l'ont rêvée avant de trouver la personne qui rend ce rêve possible. Poser ses valises définitivement, parce que cela construit et rassure face à la précarité de la vie et à l'impermanence des choses. On peut choisir la stabilité par confort, pour ne pas prendre de risque, même si la relation n'est pas vraiment satisfaisante. Par ailleurs, les personnes ayant vécu des abandons peuvent aussi, au final, s'inscrire dans la durée, une fois guéries de leur blessure d'abandon…

Alors avant de choisir un partenaire, tous ceux qui préfèrent une relation longue repèrent leurs seuils de résistance : à la douleur, à l'effort durable, à la constance. Ils observent aussi comment ils résistent aux tentations de la vie ordinaire et surtout aux frustrations, capables de s'engager et désireux d'être fidèles.

Différentes façons de se quitter

Pour les personnes qui connaissent la fin de leur relation, que ce soit de leur fait ou non, il existe plusieurs modalités de séparation. Certaines mêmes sont plutôt brutales. La première et la plus fréquente étant la naissance d'une nouvelle histoire d'amour qui vient jouer les trouble-fêtes. On trouve aussi :

– le délabrement progressif, ou durable, de la relation conjugale ;
– les divergences profondes sur l'éducation des enfants ;

– l'annonce imprévisible de séparation sans discussion possible ;
– la manipulation, surtout à des fins matérielles ;
– la tentative de suicide, les violences, les maladies.

En guise de préambule, comprenons d'abord en quoi les ruptures nous abîment et quelles traces elles peuvent laisser.

La fin d'une histoire d'amour est comparable à une petite mort, celle de la relation, de la proximité avec l'autre, la perte de la tendresse et de l'intimité, la disparition de la présence physique de l'autre, ainsi que la fin des rêves ou des illusions. Il s'agit d'une expérience très douloureuse, qui nécessite de vraiment prendre le temps du deuil plutôt que de se lancer tout de suite à corps perdu dans une nouvelle relation. Si, en plus, la rupture a été brutale, violente ou reste incompréhensible, un traumatisme vient s'ajouter à ce deuil déjà éprouvant. De mauvaises séparations, surtout si elles sont répétées, peuvent engendrer une méfiance envers l'amour ou envers l'autre, la peur d'être encore trahi(e) ou abandonné(e), voire le refus de se laisser aller à aimer de nouveau…

Une nouvelle relation amoureuse : l'ombre de l'ex réapparaît

Paul retrouve une femme qu'il a aimée lorsqu'il était jeune, Brigitte. D'abord dans le secret, puis il en informe son épouse. Il est partagé entre ces deux femmes : l'amour et la passion d'un côté, la raison et la peur de l'autre. Il ne sait pas quoi décider.

« En juin 2015, j'ai revu lors d'une fête chez des amis communs, Brigitte, la femme avec qui j'avais vécu de 23 à 28 ans. Nous sommes

immédiatement retombés amoureux ou plus précisément retombés dans les bras l'un de l'autre, car nous étions toujours restés dans le cœur l'un de l'autre...

» J'étais alors avec ma femme depuis vingt-quatre ans (un enfant de 22 ans) et de son côté Brigitte était depuis vingt-trois ans avec le papa de ses enfants (des jumeaux garçon et fille de 21 ans). Après un mois de "liaison secrète" dans une souffrance mentale et physique absolue : ne plus manger, ne plus dormir, beaucoup pleurer (je suis un homme qui pleure), il devenait difficile de dissimuler. Mon épouse étant en plus d'une jalousie maladive, elle me harcelait littéralement de questions, jour et nuit, voyant bien que quelque chose n'allait pas. J'ai avoué la situation à mon épouse, tout en ne sachant pas la décision que j'allais prendre.

» Deux sentiments prenaient toute la place en moi : l'incapacité d'imaginer le reste de ma vie sans Brigitte que j'avais retrouvée et l'incapacité à m'imaginer quitter ma femme, pour plusieurs raisons : comme elle n'avait jamais travaillé, sa dépendance financière était absolue, et sa personnalité, pour le moins "volcanique", me faisait craindre le pire en termes de réaction de sa part. »

L. O. – Par quoi Paul est-il tiraillé ? Le choix entre devoir et désir ?

S. T. – Oui, d'un côté Paul est enivré par la passion et souhaite se consacrer à la femme qu'il aime alors que, d'un autre côté, il se sent coupable de ne pas continuer à permettre à son épouse de vivre dans les mêmes conditions matérielles, puisqu'elle ne travaille pas. Surtout, il reconnaît avoir peur de sa réaction tant elle a une personnalité « volcanique ».

L. O. – Le fait d'être attiré par une ex est-il lié à la mauvaise qualité de la relation avec sa femme ?

S. T. – Pour une grande part, une mauvaise qualité de relation est un terrain favorable à la naissance puis au déploiement d'une nouvelle relation amoureuse, qui paraîtra en plus être une issue possible et plausible à cette mésentente, en offrant un prétexte valable pour initier et justifier la séparation.

L. O. – Retourner avec un(e) ex que l'on a quitté(e) ne comporte-t-il pas une part d'idéalisation ?

S. T. – Les commencements de chaque histoire d'amour sont prometteurs et délicieux parce que chacun idéalise l'autre et la relation à venir. Aux retrouvailles avec un premier amour ou un amour de jeunesse s'ajoute également l'illusion, délicieuse elle aussi, et irrésistible, de retrouver les élans de sa jeunesse ! Dans certains cas, aussi, ces retrouvailles permettent de vraiment vivre l'amour alors que le mariage était bancal, ennuyeux et sans amour…

Le délabrement de la relation conjugale

Sofia raconte comment la séparation définitive est survenue après plusieurs autres tentatives. « J'ai trouvé que la séparation était très violente et particulièrement douloureuse. Nous avons vécu une dizaine de séparations temporaires avant de divorcer, puis des retrouvailles éphémères avant de se séparer pour toujours. »

De son côté, Stéphane est délaissé par son épouse qui le dénigre et l'évite. Il se rend compte qu'il ne veut pas continuer à supporter une si mauvaise relation et décide de divorcer. « Mon ex-femme travaillait beaucoup. Elle se consacrait presque uniquement à sa carrière. Après la naissance de notre troisième enfant, il n'y avait plus rien entre nous. Elle était devenue désagréable et mauvaise avec moi. Elle travaillait même le week-end pour m'éviter. Après une dispute particulièrement forte, j'ai préféré partir. J'ai trouvé un appartement pas trop loin, pour pouvoir m'occuper de mes enfants aussi souvent que possible. Au moment du divorce, le juge a opté pour une garde alternée. »

En plus des dénigrements quotidiens envers elle, de coups bas et de la fin de toute forme d'intimité avec son mari, qui la trompe, Noémie découvre des malversations financières concernant la maison qu'ils sont en train de faire construire. « J'ai demandé le divorce pour sauver ma peau et protéger mes enfants. »

Pour Loïc, la séparation est intervenue après des tentatives d'amélioration de la relation avec sa femme. « Après une longue période jalonnée de désert sexuel et de mésententes, une discussion sur la séparation avait eu lieu, avec (pour ma part) la volonté de sortir de cette impasse et de retrouver un nouveau souffle pour notre couple. À peine deux mois plus tard, je reçois par courrier une lettre d'avocat m'annonçant qu'une procédure de divorce avait été engagée de la part de mon ex-femme. Le choc ! Le temps que la procédure se mette en place (j'ai traîné des pieds), c'est le jugement provisoire qui m'a ordonné de partir et j'ai pris un appartement à quelques pas de mon ex-domicile laissant par volonté une jouissance gracieuse du domicile à mon ex-femme. »

Plusieurs questions se posent à la lecture de ces témoignages.

L. O. – On voit chez l'épouse de Stéphane son manque d'implication dans le couple. L'alibi du travail est-il un signe avant-coureur ?

S. T. – Il existe des personnes très impliquées dans leur travail et qui s'entendent bien avec leur conjoint. Elles font néanmoins figures d'exception. En effet, une relation affective nécessite de passer du temps ensemble. Un partenaire « amoureux » qui consacre le plus clair de son temps au travail risque de laisser l'autre et de passer à côté de la relation, de ne pas s'y engager et de voir un jour son conjoint se lasser, voire aimer quelqu'un d'autre.

L. O. – Noémie et Loïc relatent un désert sexuel. À partir de quand faut-il s'alerter ?

S. T. – À part pour les personnes qui se reconnaissent asexuelles, il y en a, et elles peuvent même former des couples très heureux, la relation amoureuse s'épanouit grâce à une sexualité heureuse et suffisamment fréquente, faisant la part belle à la tendresse réciproque et au plaisir partagé, où chacun peut se trouver et s'y retrouver. Lorsque l'intimité sexuelle a déserté la relation amoureuse, il est effectivement nécessaire de s'interroger et de comprendre ce qui se passe, car cela peut être le signe évident de la fin de l'amour, pour l'un des partenaires en tout cas. Le fait d'en parler permet de reconnaître la réalité telle qu'elle est, de réactiver les feux de l'amour si c'est encore possible, ou de se préparer plus sereinement à une séparation négociée, en évitant la brutalité des ruptures aveugles.

L. O. – Pourquoi Sofia attend-elle si longtemps avant de prendre sa décision de partir ?

S. T. – Il est possible que Sofia ait cru, à plusieurs reprises, que les premières « séparations » n'étaient que des « pauses » pour mieux se retrouver après, ce qu'elle espérait probablement. Après de multiples tentatives, elle s'est rendu compte que ce n'était pas aussi simple, aussi « magique » qu'elle l'aurait voulu, et que la relation ne tenait réellement plus la route. La sagesse était donc d'accepter d'y mettre un terme définitif. Se rendre à l'évidence, surtout lorsque cela va à l'encontre de nos illusions, n'est jamais si facile…

L. O. – Quel est le premier signal de délabrement dans le couple à prendre en compte ? Le dénigrement ? Le mépris ?

S. T. – Le manque de respect de soi ou de l'autre est le premier grand signe de délabrement d'une relation. L'irrespect, quelle que soit sa forme (dénigrement, dévalorisation, mépris, etc.) devient un venin délétère qui empoisonne la relation et même chacun des protagonistes. Si elle perdure, la relation risque de devenir la scène de cruautés, voire d'une forme de sadomasochisme moral qui peut être dévastateur pour celui ou celle qui se laisse sadiser.

De profondes divergences

La naissance d'un ou de plusieurs enfants peut mettre en lumière des divergences inattendues. Le passé familial de chaque membre du couple émerge, avec son lot de valeurs, de rigidités, de dogmes parfois. On pense qu'il est bon d'élever son enfant comme on a été élevé soi-même, pensant qu'il s'agit de la meilleure éducation. Cela évite de remettre en question le modèle éducatif reçu de ses parents, souvent érigés – aveuglément – en modèles.

Babette a 51 ans. Elle est la mère de deux enfants. Elle a connu une confrontation parfois violente entre deux systèmes éducatifs, mais aussi entre deux modes relationnels. Au fil des ans, elle a découvert qu'il existait une réelle incompatibilité entre sa façon de considérer les enfants et celle de son mari. Au fil des ans, Babette constate qu'elle perd son entrain, sa fantaisie, se dévitalise, se déprime et se replie sur elle-même. Pour ne plus avoir à subir les contraintes morales d'un autre temps imposées par son mari, elle prend l'initiative du divorce.

L. O. – Comment un couple peut-il survivre à d'aussi fortes divergences éducatives en tant que parents ?

S. T. – En fait, peu de couples y survivent, tant l'enjeu de l'éducation des enfants est important pour leur devenir d'êtres humains. Le risque (pour soi et pour les enfants) serait que le parent le plus sensible, le plus compréhensif et le plus ouvert se range en se soumettant aux injonctions du parent le plus dur et le plus rigide…

Les séparations imprévisibles

On pense à tort que l'on vit des séparations brutales parce que soudaines. En fait c'est parce qu'on ne les a pas vues venir. On s'est voilé la face sur la personnalité de l'être aimé, à moins d'avoir été piégé par une personnalité très manipulatrice.

Victoria se souvient de la fin aussi brutale qu'imprévisible de sa relation. « Il m'avait invitée au restaurant la veille pour mon anniversaire, et offert un très beau cadeau. Lors de ce repas, je lui ai clairement dit que je n'avais jamais voulu être la maîtresse d'un homme. Lorsque je suis arrivée à mon bureau le lendemain, j'avais un mail de rupture. Se sont ensuivies différentes tentatives de rappels sur mon portable, en totale contradiction avec ces mails qui laissaient clairement transparaître un réel détachement. »

Louis, aussi, a connu une rupture brutale et imprévisible. « La séparation s'est faite du jour au lendemain et ce n'est pas une image. Ma compagne m'a demandé de l'accompagner à l'aéroport en compagnie de notre fils. Quelques jours après, elle m'a appelé de chez sa mère pour m'annoncer qu'elle ne reviendrait pas à notre domicile. Je crois que l'on peut parler d'une rupture unilatérale plutôt que d'une séparation. »

L. O. – Comment expliquer cette soudaineté de décision ?

S. T. – Le plus souvent, ces ruptures brutales sont préparées avec soin, planifiées longtemps à l'avance, mijotées, calculées dans les moindres détails et mises à exécution au moment où l'autre s'y attend le moins. Parfois, elles sont aussi le fait de personnes impulsives, qui mettent fin à la relation sur un coup de tête. Elles peuvent enfin venir de personnes qui ont peur d'annoncer leur décision et qui mettent en acte la rupture au lieu de prendre le temps d'exprimer leur désir de séparation.

L. O. – Victoria ne s'est-elle pas leurrée ?

S. T. – Oui, probablement, comme souvent dans les relations cachées, parce que la « tromperie » du partenaire ou de la partenaire « légitime » nécessite de faire les choses en douce et empêche de se montrer. Le grand leurre est alors de se faire croire à soi-même, ou de se laisser faire croire, que la relation amoureuse est aussi valable qu'une relation au grand jour et qu'elle peut être aussi stable qu'une relation plus « officielle », ce qui n'est pas le cas dans la réalité. L'autre leurre, très fréquent, est de se raconter des histoires pour ne pas voir la perversion d'un conjoint, malgré tous les signes évidents qui auraient déjà dû alerter.

L. O. – Louis a-t-il manqué un épisode ou sa compagne a-t-elle perdu la tête ?

S. T. – Ces deux hypothèses sont possibles. Toutefois, si son épouse avait perdu la tête, il aurait perçu quelque chose de sa confusion, de son agitation, de son déséquilibre. Là, il semble plutôt s'agir d'une rupture préméditée, préparée très à l'avance, comme un plan de bataille… Il semblerait donc que Louis ait manqué quelque chose, qu'il n'ait pas bénéficié de toutes les informations, d'une part du fait de sa négligence (il n'a pas fait suffisamment attention aux signaux avant-coureurs), d'autre part parce que son épouse lui cachait l'essentiel (elle préparait cette séparation avec sa mère depuis plusieurs mois, sans rien en laisser transparaître).

Manipulations, pressions, menaces

Ce qui se joue dans les ruptures est au-delà de la raison. Il en va de nos instincts les plus archaïques, l'abandon, la peur, la survie, voire malheureusement la vengeance. Tout cela se met en branle, et notre cerveau émotionnel prend le dessus sur notre cerveau rationnel.

Face à l'abandon, très peu de personnes arrivent à lâcher prise et à se raisonner. Accepter que la rupture ne soit pas uniquement de sa propre « faute » demande de prendre le temps d'une réflexion mature et progressivement dépassionnée, ce qui est difficile lorsqu'on subit unilatéralement la rupture.

Fanny a vécu une rupture éprouvante du fait d'un désaccord de fond avec son conjoint, dont le seul objectif était l'obtention d'un avantage matériel. « La rupture s'est très mal passée parce qu'il n'était pas d'accord. Les négociations du divorce ont duré plusieurs mois, accompagnées de menaces, de harcèlements et de manipulations. Le seul but de mon ex était d'obtenir une compensation financière. »

De la même façon, Victoria a reçu un cadeau pour son anniversaire alors qu'une rupture unilatérale a suivi implacablement dès le lendemain. Elle aussi a été gravement harcelée durant des mois.

Une fois que son mari est parti vivre avec une autre femme, Noémie a subi un harcèlement tenace et insidieux : e-mails de menaces de la part de son ex-mari et de sa famille, appels téléphoniques incendiaires à toute heure du jour et de la nuit, changement de compte en banque pour ne plus faire virer le salaire sur le compte commun, arrêt du paiement des assurances et des impôts, etc.

L. O. – Comment aider le partenaire dont on souhaite se séparer à lâcher prise ? Avec bienveillance ?

S. T. – Dans chaque situation relationnelle, la bienveillance est la meilleure façon d'agir, mais elle n'est pas facile à mettre en œuvre face à des partenaires malhonnêtes, voire malfaisants ou cruels. D'autant que, suivant le degré de perversion de leurs machinations, cette bienveillance non seulement ne les touche pas mais peut attiser leur haine, leur volonté de détruire, presque autant qu'une attitude moins favorable. Dans ce cas, une certaine neutralité, une plus grande distance et une fermeté tenace sont nécessaires, autant que l'appui de la loi qui, seule, peut opposer des limites aux agissements des plus retors.

L. O. – Comment se protéger du harcèlement ?

S. T. – Se protéger du harcèlement est très difficile car il s'agit d'un déferlement pulsionnel qui s'autoentretient. Il existe deux formes principales de harcèlement. La première forme concerne les personnes qui ne supportent pas la fin d'une relation, parce qu'elles étaient très fusionnelles, voire dépendantes, ou qu'elles se sentent tragiquement abandonnées. Ce type de harcèlement n'est pas malveillant, même s'il est pénible à supporter. Il s'exprime sous la forme d'une insistance, pesante, un brin infantile et souvent maladroite. En revanche, la deuxième forme de harcèlement correspond à une volonté délibérée de nuire, de détruire, de pousser à bout. Elle est l'expression de la haine de son auteur, qui peut se décliner en stratégie de vengeance, de domination, de mise à mort (symbolique ou pas), etc. Dans ce cas, l'acharnement est réel, intense, soutenu et délibéré.

L. O. – Est-il nécessaire de bloquer son numéro de téléphone ?

S. T. – Lorsqu'il s'agit d'un harcèlement non pervers, il peut être en effet nécessaire de bloquer le numéro de téléphone, ou de répondre de façon minimaliste puis de ne plus répondre. Quand le harcèlement est pervers, il est recommandé de ne pas y répondre et de laisser les avocats (ou des médiateurs) traiter entre eux. Le recours à la justice peut devenir indispensable, en portant plainte. Dans les cas les plus graves, certaines personnes ont dû déménager sans laisser d'adresse pour retrouver enfin la paix, mais généralement le recours à la justice suffit à y mettre fin.

L. O. – Couper le contact tout net n'est-il pas la meilleure option pour que l'autre fasse le deuil ?

S. T. – Oui, il est nécessaire que la relation prenne vraiment fin pour que le deuil puisse avoir lieu. Sauf rare exception, vouloir rester « amis » ou en contact n'est donc pas du tout une bonne idée. Cela dit, la fin d'une relation ne peut avoir lieu qu'après que chacun a pu exprimer ce qu'il avait sur le cœur. Il vaut donc mieux prendre le temps de se séparer, même si les dernières discussions sont éprouvantes, plutôt que de rompre brutalement en laissant tous les problèmes en souffrance, c'est-à-dire en attente d'expression et de résolution.

Les violences et la maladie

Celui qui part est toujours le « méchant », surtout lorsqu'il a face à lui un conjoint fragile. On a vite fait, alors, de l'accuser de malveillance, voire de non-assistance à personne en danger. On entre ainsi dans un rapport très malsain de bourreau à victime. L'abandonné endosse le rôle du faible, voire de la victime, et joue la carte de la dépendance, parfois pathologique. Le fort, celui qui « abandonne », apparaît comme un irresponsable égoïste et inhumain, trop souvent disqualifié par l'entourage.

Il est donc nécessaire de faire la part des choses entre une réelle non-assistance à personne en danger et une manipulation de la part de la soi-disant « victime ». Comment faire le distinguo ? Une fois que l'on a annoncé la séparation à la personne dite fragile, il vaut mieux en avertir tout l'entourage pour que celui-ci prenne à son tour ses responsabilités d'aidant (parents, fratrie, amis, collègues). Ensuite, au besoin, emmener ou faire emmener le conjoint chez le médecin ou en unité de soins spécialisée pour qu'un diagnostic médical soit posé. Il n'y a que le mariage qui oblige à la solidarité et à l'entraide. Juridiquement, on ne peut laisser un conjoint sans soin. L'affaire est tout autre lorsqu'on n'est pas marié.

Si d'aventure un harcèlement ou des menaces (de mort notamment) émanent de la personne quittée, une plainte au commissariat est indispensable. Elle aide généralement à prouver dans quel camp est la vraie malveillance. Les exemples réels au fil de ce livre témoignent de la banalité de ces situations.

Jules, que nous avons déjà rencontré, a connu la mise en scène d'un suicide par le feu de sa compagne, après son annonce de rupture. « Ce n'est pas allé plus loin. Mais tout de même... horrible. Cela m'a vacciné. C'était dur, triste, traumatisant... »

L. O. – Pourquoi Jules ressent-il ce besoin viscéral d'aider son ex-compagne ? Qu'est-ce qui se cache derrière la tendance à se sacrifier ? La quête d'une bonne image de soi ? Un sens à sa vie, être utile ?

S. T. – L'être humain est avant tout sensible et doué d'empathie. C'est le contraire qui est « anormal » et pose question. Jules est donc naturellement porté à vouloir secourir la femme qu'il a aimée. Ce mouvement du cœur est sain, généreux et légitime. Cependant, il est important de le mettre en perspective avec une autre réalité, celle de la personne en détresse. En effet, une personne qui souffre n'a pas forcément le désir d'aller mieux. Elle ne va donc pas spécialement se laisser aider. Du coup, le proche qui veut la secourir risque de s'y épuiser. Le véritable risque est là : perdre son temps, son énergie, sa bonne volonté à vouloir aider des êtres qui ne veulent ni changer ni aller mieux.

Matthieu a lui aussi vécu une mise en scène très théâtralisée de suicide, avec des médicaments cette fois-ci, devant les enfants, ainsi que des violences physiques de la part de son épouse (coups de poing et de pied, puis coup de couteau).

« Le soir où je lui ai annoncé mon désir de séparation, après une dispute houleuse, elle est allée dans la chambre de mes fils âgés de 9 et 11 ans et a avalé une plaquette de comprimés devant eux. Mon fils aîné est venu me chercher dans le salon et me l'a annoncé. J'ai trouvé la plaquette vide et j'ai appelé les pompiers. Elle s'est mise dans un état colérique intense et s'en est prise à moi, dans le couloir de l'entrée, en me donnant des coups de poing, des coups de pied. Ayant pratiqué des arts martiaux pendant quelques années, je l'ai plaquée contre le sol et suis resté assis au-dessus d'elle pendant presque une demi-heure, en attendant l'arrivée des secours, sous le regard de mes enfants en pleurs.

» À la suite d'une nuit passée à l'hôpital, elle est rentrée le lendemain en fin de matinée, j'étais en train de préparer le repas de midi pour les enfants. Après le déjeuner, j'ai installé les enfants devant un DVD et suis retourné dans la cuisine. Elle était devant l'évier et me tournait le dos. L'eau coulait et j'ai cru qu'elle était en train de faire la vaisselle, mais lorsque je me suis approché d'elle, elle s'est retournée

brusquement avec un couteau à la main et a aussitôt essayé de m'en mettre un coup au niveau du thorax, je l'ai esquivé et c'est ma main qui a pris. »

L. O. – Comment savoir si les tentatives de suicide sont de vraies tentatives ou si ce sont des bouteilles jetées à la mer ?

S. T. – Il est très difficile de réaliser une distinction nette, surtout sur-le-champ, dans le feu de l'action. Pour cette raison, il vaut mieux tenir compte de la menace de mort et tout faire pour éviter la tragédie. Le plus souvent, c'est seulement après coup que l'on prend conscience des motivations réelles de la personne qui a tenté de se suicider. Là encore, de nombreuses possibilités existent. Est-ce un réel désespoir ou une profonde douleur qui laissent croire que la seule issue serait la mort ? Au contraire, est-ce plutôt une mise en scène pour provoquer une réaction ou appeler au secours ? Enfin, n'est-ce pas tout simplement qu'une forme de manipulation pour reprendre le pouvoir sur l'autre, le faire plier ou tenter de rester maître du jeu ?

De son côté, Guy a dû faire face à la maladie, mentale pour son épouse (psychose maniaco-dépressive) et physique pour lui-même (cancer). « Mon ex-compagne, la mère de mes deux enfants, a été accompagnée par un thérapeute pendant plus de six ans en raison d'un syndrome bipolaire sévère. Cette situation était intenable et épuisante à vivre pour un couple. La survenue d'un cancer agressif me concernant a parachevé la nécessité de se séparer après mon opération et une convalescence compliquée. »

L. O. – Peut-on déceler la bipolarité chez son conjoint en début de relation et selon quels critères ?

S. T. – Certaines maladies mentales se déclarent ou se manifestent tard au cours de l'existence, lors d'un deuil, ou après un choc, un déménagement, la naissance d'un enfant ou d'un petit-enfant, un licenciement, ou même une promotion importante, voire à la suite d'un départ à la retraite. Il n'est donc pas possible de les déceler au commencement d'une relation. Par ailleurs, il est impossible de se transformer en « psychiatre », parce qu'il s'agit d'un métier à part entière, très difficile de surcroît, et exigeant une longue formation. Enfin, l'idéalisation des premiers temps empêche de considérer l'autre tel qu'il est réellement. Quoi qu'il en soit, certains signes peuvent alerter, notamment si des périodes d'euphorie ou d'excitation extrême, avec tendance à un exhibitionnisme sans scrupule, sont suivies par des périodes de profonde déprime, voire de mélancolie, avec beaucoup de négativisme ou d'autoaccusation…

Noémie a connu des violences verbales systématiques sous forme de dévalorisation, d'intimidations, d'injures, le plus souvent devant les enfants.

L. O. – Comment protéger les enfants en cas de violence ?

S. T. – Le mieux est de partir avec les enfants habiter chez ses parents, chez un(e) ami(e) ou dans un foyer. Le plus souvent, l'orgueil, la volonté impérieuse d'avoir le dernier mot ou de montrer que l'on a raison, si ce n'est une volonté de vengeance, poussent à un bras de fer entre les adultes, dans une escalade de violence et d'imprécations, tout cela au détriment des enfants. Sans oublier que certains parents prennent leurs enfants à témoin, ce qui n'est vraiment pas une bonne idée.

Il est important d'avoir la sagesse de partir, c'est la meilleure façon de protéger les enfants. On peut aussi les confier à des proches, lorsque c'est possible et malgré la distance géographique, le temps des conflits liés à la séparation. Sinon, il est bienvenu d'en parler à un professionnel. Dans les cas de violences graves, le recours à la justice est nécessaire pour placer les enfants à l'abri dans une famille d'accueil le temps du divorce. Dans les situations moins extrêmes, les parents peuvent prendre sur eux pour s'expliquer en dehors du lieu d'habitation ou, au moins, en dehors de la présence des enfants. Des solutions de médiation familiale existent également.

*

Ce qui se joue en fait ici, entre autres, c'est la culpabilité que l'on peut ressentir à l'égard d'une personne dont on se sépare. Les ressorts de la culpabilité trouvent parfois leurs racines dans notre histoire ancienne. Par exemple, si votre père a abandonné votre mère, vous aurez du mal à laisser votre conjoint car vous serez rattrapé par le fantôme du père à qui vous ne souhaitez pas ressembler. Un long chemin de psychothérapie peut alors s'avérer utile. La culpabilité peut également venir des croyances morales et religieuses de l'environnement dans lequel nous avons grandi. Dans tous les cas, elle est souvent mauvaise conseillère et se révèle une entrave lourde à la liberté individuelle.

Dans ce cas, la question à se poser est la suivante : *qu'est-ce qui est juste ?* La réponse est chaque fois lumineuse.

CHAPITRE 3

Les ressentis liés à la rupture

Se séparer, c'est inévitablement vivre un deuil, et un deuil d'amour prend du temps. « Deuiller », ou « être endeuillé », correspond à l'apprentissage le plus long et le plus pénible de toute notre vie, car l'ensemble de notre existence n'est, en fait, qu'une succession de deuils, petits et grands.

Le deuil de notre enfance, du jeune adulte qui quitte le nid, le deuil du corps de la femme qui se transforme. Fini le ventre plat ! Le deuil quand elle devient mère et quand elle vieillit. Adieu aussi les visages sans rides. Inconscients sont ceux et celles qui pensent que le Botox les maintiendra jeunes.

Le deuil, c'est le vide qui frappe à notre porte, et la mort qui pointe le bout de son nez. Un parent qui devient handicapé ou qui décède, par exemple.

Nous ne sommes pas égaux face à cette épreuve. Certains sont mieux « outillés » que d'autres, pourquoi ?

Parce que, tout petits déjà – sans que l'on sache d'ailleurs pourquoi –, ils ont conscience de l'impermanence et de la précarité des choses.

Voilà qui fait souvent d'eux des infidèles, des instables, des jouisseurs extrêmes ou des personnalités libertines à faible pouvoir d'engagement. Pourquoi se lier et s'engager puisque tout est précaire ?

Se séparer enclenche donc toutes les émotions liées au deuil.

Là encore, des difficultés ou un refus de communication compliquent considérablement la séparation, et surtout entraînent une préoccupation pour les enfants (comme nous l'avons vu avec Paul, Loïc, Stéphane, Noémie et Guy).

L. O. – Pourquoi certaines personnes sont-elles plus capables que d'autres d'accomplir leurs deuils ?

S. T. – Cela dépend de plusieurs facteurs, souvent concomitants, car nous ne sommes pas égaux devant le deuil. Parce que chaque deuil est douloureux et que nous ne supportons pas tous la douleur de la même façon ; parce que le deuil est un immense manque et qu'il nous renvoie immédiatement, inexorablement, puissamment même, au manque et au vide ; parce que le deuil est long et que nous avons l'impression d'être dans un tunnel sans fin.

Pour celles et ceux d'entre nous qui n'ont pas eu dans leur enfance des premiers liens suffisamment sécurisants, notamment avec leurs parents, un deuil peut sembler réellement impossible. Il les ramène notamment à l'absence de lien fondateur, qui était une véritable détresse lorsqu'ils étaient bébés. Ce sentiment insupportable est également vécu par les enfants qui ont été maltraités, qui sont beaucoup plus nombreux que l'on veut bien l'admettre.

Ces enfants qui n'ont pas été suffisamment portés, contenus et soignés, ne savent pas comment se porter, se contenir, prendre soin d'eux-mêmes lorsqu'ils sont devenus adultes et qu'ils sont dans des situations difficiles.

Par ailleurs, un ou des traumatismes du passé, d'anciens deuils douloureux et pénibles, mal ou non résolus, de mauvaises expériences amoureuses, viennent immanquablement compliquer nos deuils d'aujourd'hui, en les rendant plus pénibles, plus lourds, plus douloureux, puisqu'ils sont chargés de la mémoire sensorielle et émotionnelle de nos souffrances anciennes. Heureusement, nous apprenons aussi lors de chaque expérience, de chaque deuil, et nous devenons plus sages.

Enfin, n'oublions pas une certaine culture ambiante, qui nie de plus en plus la mort, le manque, les limites humaines et pousse à éviter toute forme de deuil, en incitant à s'enivrer, à se « défoncer », dans le travail, la consommation, le sport à outrance, les médicaments, les drogues, la violence aveugle ou le sexe pour le sexe.

Le soulagement de l'avoir fait est le premier ressenti

Après une séparation qui a, comme la plupart, tardé à venir, le sentiment de soulagement est celui qui se manifeste le premier, car beaucoup d'individus attendent d'atteindre des seuils de souffrance très élevés, voire extrêmes, pour prendre les bonnes décisions et partir enfin. C'est alors un sentiment de libération que l'on éprouve, teinté d'un brin d'autocritique : pourquoi ne l'ai-je pas fait plus tôt ?

Paul témoigne de son soulagement et de sa détermination, une fois qu'il a pris la décision de partir. « J'ai ressenti un soulagement immédiat et intense. Le soir même de mon départ de la maison j'étais apaisé et serein. Avec une détermination sans faille, après deux mois de doutes, à me torturer mentalement, je n'ai plus douté une seule fois après mon départ (et ce malgré les soucis qui sont arrivés ensuite) que j'avais pris la bonne décision. »

L. O. – Pourquoi tant de gens attendent des seuils de souffrance extrême pour partir ?

S. T. – Là encore cela découle de plusieurs facteurs. Du point de vie culturel, nos éducations en Occident sont fortement marquées par une morale très critique et sévère, qui entraîne la culpabilité, la peur de mal faire, les humiliations, la honte de soi, les jugements et les accusations. Cela débouche sur un dolorisme, un misérabilisme, un devoir du sacrifice, voire un masochisme, dont le niveau est très élevé et qui est complètement absurde. Bien entendu, les idéologies religieuses et politiques ont grandement contribué à cette obligation de souffrir, de (se) faire souffrir et d'accepter la souffrance. Du point de vue relationnel, lorsque l'on aime quelqu'un, on essaie de lui laisser sa chance aussi souvent que possible, on oublie, on excuse, on pardonne, on ferme les yeux, on essaye encore et encore. Du point de vue psychique, une personne qui souffre dans une relation peut très vite croire que c'est à cause d'elle, que c'est de sa faute, que si elle s'y prenait mieux tout irait bien, etc.

La détermination permet de se libérer d'une relation toxique

Pour certains, comme Fanny, si la détermination l'a aidée à partir, elle s'est néanmoins rapidement sentie envahie par de nombreuses peurs. Peurs de la manipulation, des mensonges, des représailles, de devoir payer pour l'ex-conjoint, etc.

« J'étais très déterminée et très en colère. Il était au Mexique à cette période-là. J'aurais dû aller le retrouver et passer quelques jours de vacances mais j'ai tout annulé. Ma décision était ferme et définitive. Impossible de le joindre par téléphone. Il ne répondait que sur WhatsApp. On ne s'est jamais parlé de vive voix. Il prétextait toujours qu'il n'était pas seul et qu'il ne pouvait pas parler. Je l'ai harcelé pour qu'il me donne des explications parce que c'était lui qui était censé payer les loyers. Qu'est-ce qu'il avait bien pu faire de tout cet argent ? Alors que moi je me démenais à travailler plus encore pour gagner encore plus, à rembourser des crédits aux intérêts exorbitants, à négocier avec ma banque parce que je dépassais tout le temps mon découvert et que tous mes prélèvements bancaires étaient rejetés. Alors oui, j'étais très en colère jusqu'au jour, et il l'a fait très rapidement, où il m'a envoyé une liste de nos biens dont il réclamait la moitié, mais surtout où il soumettait sa demande de pension alimentaire. De plus, étant à l'étranger sans aucun revenu, il considérait que j'étais dans l'obligation de lui envoyer de l'argent car une loi le protégeait, c'est ce qui s'appelle le "devoir de secours"... Je savais qu'il était très procédurier et qu'il ne lâcherait rien. Il a ensuite envoyé beaucoup de mails menaçants. On ne communiquait que comme ça et il arrivait à une telle manipulation que j'ai commencé à avoir peur. Plus le temps passait plus je le craignais jusqu'à en trembler car il trouvait chaque

fois le moyen de me déstabiliser mais j'étais toujours bien déterminée à le quitter et plus que jamais... car il y avait une chose que j'avais très bien comprise, j'étais face à un pervers. Nous avons finalement divorcé en deux mois. Je lui ai proposé une somme d'argent qu'il a acceptée immédiatement. J'ai été obligée de payer tous les crédits et même de payer ses impôts... Il a repris tous les meubles qui lui appartenaient et je n'ai plus jamais entendu parler de lui sauf pour réclamer son argent... »

L. O. – Le compagnon de Fanny se comporte-t-il vraiment comme un pervers ? En quoi ?

S. T. – Cet homme semble largement égoïste, irresponsable et profiteur. Il parasite Fanny et la vampirise. Cela fait déjà beaucoup de bonnes raisons de le quitter et de s'en protéger ! Qu'est-ce qui fait donc, en plus, qu'il est effectivement « pervers » ? Il ne répond pas, rompt la communication, se rend invisible, injoignable. Il ment de façon éhontée. Ses paroles et ses actes ne sont pas spontanés, mais calculés. Non seulement il manque complètement et durablement d'empathie, mais il veut clairement du mal à Fanny. Il cherche à la rabaisser, à l'enfoncer, on pourrait même dire qu'il veut la « détruire ». Il est dominateur et cherche à prendre le pouvoir sur autrui. Il se sert de la loi pour manipuler et dominer l'autre encore plus, voire pour l'écraser. En fin de compte, plus que pervers, cet homme est extrêmement matérialiste et mesquin, incapable d'amour.

Une fois qu'on est libéré, de nouvelles prises de conscience apparaissent

Après le soulagement, qui marque la libération et le fait de s'être dégagé d'une situation insupportable, viennent ensuite la peine et la préoccupation sincère pour ses enfants.

Matthieu exprime clairement : « Ce que j'ai ressenti au moment de la séparation, c'était une sorte de grand soulagement, même si cela me déchirait le cœur par rapport à mes enfants. Je me sentais libéré, comme si quelqu'un avait déverrouillé la porte derrière laquelle j'étais enfermé depuis des années. »

L. O. – Certaines personnes souffrent-elles plus que d'autres du manque de liberté ?

S. T. – A *priori*, on pourrait dire que non. Chacun de nous souffre du manque de liberté. Comment pourrait-il en être autrement ? Comment se pourrait-il qu'un être humain puisse ne pas souffrir d'une privation de sa liberté ? Pourtant, dans les faits, force est de constater que de nombreuses personnes se contentent plus facilement que d'autres de certaines réductions de leur liberté. Le plus souvent, c'est qu'elles préfèrent le confort matériel, la jouissance sexuelle, la dépendance affective, la facilité de suivre le mouvement, et autres avantages apparents ou immédiats, à une vraie liberté digne de ce nom.

De son côté, après le soulagement d'avoir pris la bonne décision et d'être libéré d'une situation intenable, Stéphane a mesuré le gâchis de

cette relation malade et a pu prendre conscience de l'absence d'amour dans laquelle il avait accepté de vivre si longtemps.
Stéphane nous dit : « J'ai été poussé dehors, à l'usure. Mon ex-femme voulait garder la maison et s'est débrouillée pour me faire partir, de guerre lasse. Le premier sentiment a été un grand soulagement. J'étais enfin libre, je pouvais respirer, j'étais sorti de ce quotidien avec des reproches permanents pour tout et n'importe quoi, des propos dévalorisants à chaque désaccord, ou même pour rien. Ensuite, j'ai mesuré l'immense gâchis de notre relation. Je me suis rendu compte que nous ne nous étions pas mariés par amour. Mon ex-femme m'avait avoué à la fin de notre relation qu'elle m'avait choisi parce que, pour elle, je ferais un bon géniteur. C'était la seule chose qui l'intéressait. »

L. O. – Comment se rendre compte, au début d'une relation, que le partenaire est vraiment animé par l'amour ?

S. T. – Le plus souvent nous ne voulons pas percevoir les signes avant-coureurs du manque d'amour, car les personnes utilitaristes et sans amour ne le cachent pas tant que ça. Passé la phase de séduction, où le semblant d'amour peut prendre le dessus, le manque d'amour est patent : il se voit, il s'entend et, surtout, il se sent. Cela peut venir de négligences répétées, d'un manque d'intérêt véritable, d'une absence d'empathie ou de considération, de peu de témoignages d'affection et de tendresse, de marques de mépris, etc. Dans ce cas, on peut demander à l'autre s'il ressent vraiment de l'amour, même si une réponse sincère n'est pas garantie…

Il devient alors nécessaire de se demander pourquoi on accepte de se lancer et de s'engager dans une relation sans amour !

La morsure de la culpabilité

Une fois le soulagement et le sentiment de liberté émoussés, différentes formes de culpabilité peuvent apparaître.

Après la séparation, Jules a ressenti « du soulagement, puis de la culpabilité ». Il explique : « Je repère très souvent le même processus. J'éprouve de la compassion. Le Moi important peu en la matière. »

L. O. – La compassion trahirait-elle en fait une haute estime de soi ?

S. T. – Dans le bon sens de l'estime de soi, oui : plus nous nous respectons, plus nous nous apprécions, et plus nous sommes capables d'empathie, donc de compassion envers les autres en général, nos proches en particulier, et pourquoi pas d'un ex-conjoint. Néanmoins, il peut s'agir aussi d'une parade pour ne pas trop souffrir et pour forcer le détachement, comme une sorte de court-circuit du deuil : « Je ne me préoccupe pas de moi, mais de l'autre ; en éprouvant de la pitié pour elle ou pour lui, j'en oublie ma propre douleur »... Cette absence de deuil risque d'empêcher les prises de conscience qui pourraient permettre d'évoluer et d'éviter de recommencer des relations vouées à l'échec.

Sofia, elle, a été envahie par un mélange complexe et paradoxal de sentiments, qui met en évidence à quel point cette relation a été malheureuse pour elle : « J'ai ressenti de la culpabilité. Un énorme gâchis. Une grande souffrance. Puis un manque. Puis de la colère. Après dix ans de bons souvenirs, des beaux moments, mais une peur terrible de le recroiser. Je ne veux plus avoir à me remémorer tout l'aspect négatif de cette période. »

L. O. – Comment la colère peut-elle s'atténuer ? Y a-t-il un travail à faire sur soi, lequel ?

S. T. – Dans un premier temps, qui peut durer des mois, il est important que la colère puisse vraiment et complètement être exprimée, sinon elle s'enkyste, s'accumule, fermente et risque d'exploser violemment pour un oui ou pour un non, en décalage avec les situations actuelles. Si la colère s'installe plus durablement, alors qu'elle a été exprimée, une thérapie est nécessaire pour repérer de quelle façon cette colère est peut-être entretenue par des blessures anciennes non cicatrisées, pour les soigner et pour s'apaiser.

Du choc à l'impuissance

Face à l'injustice

Souvent l'injustice commise contre soi (ou contre un proche) provoque un fort sentiment d'absurdité. Il est dû à l'incompréhension majeure dans laquelle cette injustice nous plonge, sans compter l'« immense chagrin » d'avoir été déconsidéré, voire humilié.

« Un énorme choc après ce contraste entre l'ambiance de la veille au restaurant et celle du jour où j'ai reçu ce mail de rupture, le tout accompagné d'un immense sentiment d'impuissance et d'injustice

lié à cette manipulation que je sentais se profiler, à l'image de ce double discours. Et en plus, cette incompréhension due au fait qu'il me disait qu'il n'y avait jamais rien eu. Un immense chagrin aussi de me voir salie (je passais pour une mythomane qui inventait cette relation) et je me retrouvais délaissée par un homme dont j'étais tombée amoureuse après m'avoir séduite pendant plus d'un an. Au fil des mois et des années, ce chagrin s'est estompé et la vie a repris ses droits. »

L. O. – Quel est le signe irréfutable que l'on se trouve face à un manipulateur ? Le double discours ?

S. T. – Le manipulateur ne se préoccupe pas de vous, mais de lui, uniquement de son intérêt et de son profit. La manipulation lui permet de profiter de vous sans que vous vous en rendiez tout à fait compte, suffisamment peu pour que vous acceptiez ce que vous n'accepteriez pas en temps ordinaire, si vous n'étiez pas manipulé. Les manipulations graves sont souvent entachées de mensonges et recèlent des contradictions, puisqu'une personne manipulatrice (femme ou homme) ne se préoccupe pas de ce que l'on peut penser d'elle, mais plutôt de l'effet qu'elle va avoir sur l'autre. Les doubles discours ne sont donc pas un souci pour elle, pourvu que ce qu'elle affirme lui assure une réelle influence sur vous. La manipulation est un jeu d'influence, ne l'oublions pas, le but est de téléguider l'autre, de l'affaiblir en le rendant plus idiot qu'il n'est.

Devant un champ de ruines

Après sa séparation, Loïc se sent particulièrement triste et désenchanté : « Aucune raison n'a été invoquée en direct par mon ex. Dans son refus de communiquer et dans son désir de tout faire reposer sur la procédure, ce sont les dossiers de divorce qui me donnaient des informations. La raison était la non-entente des époux et c'était vrai. Mais, derrière cela, il y avait toute une histoire, qui avec le temps a fait le lit de la séparation. Comme le ruisseau devient rivière. Sur le coup, j'ai ressenti un choc puis une grande tristesse. Un regard triste sur ma famille et la perte de mes idéaux. Ensuite, je suis rapidement reparti de l'avant en faisant tout pour que les enfants soient le moins touchés. J'ai alors passé le cap du départ et de ma nouvelle installation dans la bonne humeur. »

L. O. – Le fait de focaliser sur le bien-être de ses enfants et de mettre en second plan l'échec de son couple est-il une bonne façon d'aller de l'avant ?

S. T. – Oui, penser à ses enfants est une bonne façon d'aller de l'avant. Comme l'explique très bien Loïc, cela vient dans un second temps, car il est d'abord nécessaire d'accuser le coup, de prendre la mesure du désastre et de regarder le champ de ruines devant soi. À cette condition, il devient possible de reconstruire, ailleurs et mieux, une nouvelle relation plus saine que la précédente.

Après le choc et la sidération, il est souvent possible de vivre un réel effondrement, de se retrouver en plein désarroi, en détresse même, mêlant impuissance, inquiétude et abandon.

Ce dont témoigne Louis : « L'image et la sensation corporelle que je garde du moment où mon ex m'a annoncé froidement sa décision de ne pas revenir sont celles de l'effondrement. Je me souviens de la scène comme si c'était hier. J'ai senti physiquement le plancher se dérober sous mes pieds. Après son coup de fil, je me suis levé de ma chaise et je n'ai pu m'empêcher de marcher dans l'appartement durant trois jours et deux nuits comme si m'arrêter, rester immobile, me condamnait à la mort, à la peine capitale. Je bougeais pour échapper à la sentence. Plus tard, j'ai compris que je me sentais totalement démuni face à cette décision brutale qui était irrévocable. Par la suite, la sensation a engendré une grande inquiétude, comme si je ne pouvais plus me fier à rien ni à personne. D'ailleurs, comme pour me conforter dans cette idée, les événements qui ont suivi m'ont montré que les gens qui m'entouraient étaient peu fiables également. Ce double abandon (mon épouse puis ma famille) a fortement endommagé l'image que j'avais de moi par rapport au monde. J'ai subi une sorte d'altération de valeurs, un inversement serait plus juste. Je suis passé de l'illusion faussement sécurisante que je maîtrisais les choses à la certitude, tout aussi fausse, que tout était danger. »

L. O. – La sidération de Louis vient du fait qu'il n'a pas du tout anticipé l'abandon. S'agit-il d'un traumatisme ? Aurait-il pu anticiper cette décision ?

S. T. – Le témoignage de Louis est très précis, très concret aussi. Il décrit très bien les sensations et les sentiments qu'il éprouve et les phases par lesquelles il passe. Cela permet de mettre en évidence que, beaucoup plus fréquemment qu'on veut bien le croire, une séparation amoureuse représente un vrai traumatisme. Cela signifie qu'en plus du deuil la personne blessée va aussi devoir soigner ses blessures et guérir du trauma. Ce n'est pas rien. Dans le cas de Louis, rien ne semblait pouvoir lui permettre d'anticiper la décision brutale de son épouse. C'est d'ailleurs cette imprévisibilité qui renforce le caractère traumatique, inexorable et dévastateur de la rupture.

L. O. – Comment expliquer qu'il n'y ait aucun signe préalable ?

S. T. – Le plus souvent, dans ce genre de situation, la rupture brutale est prévue par la personne qui va partir, mais elle se garde bien de laisser transparaître quoi que ce soit pour pouvoir mener à bien son projet. Dans les autres situations, l'amour de celui qui est quitté et sa confiance en l'autre sont tellement forts, qu'il n'a aucune raison de supposer que la relation pourrait prendre fin brutalement. Cela n'est pas envisageable ou même pas concevable pour lui.

Face au vide

La fin du modèle de la famille unie

Après avoir longtemps enduré, impuissante, la douleur de perdre son idéal familial, Noémie a soudain compris que la santé et l'équilibre de ses enfants étaient, en fait, sa vraie priorité: « Quand j'ai vu que ma fille de 8 ans développait un psoriasis et que mon fils de 5 ans commençait à m'injurier en utilisant exactement les mêmes insultes que son père, j'ai compris que le plus important était de sauver notre peau. »

L. O. – Les insultes sont-elles le premier marqueur de la nécessité de partir ?

S. T. – Les insultes ponctuelles proférées involontairement lors d'un moment de colère peuvent sortir de la bouche de tout un chacun. En revanche, les petites phrases assassines et les injures volontaires, répétées, préparées à l'avance, ruminées et remâchées avant d'être lancées au moment où elles feront le plus mal, sont une forme de cruauté vicieuse et inacceptable, la preuve d'un profond manque de respect. Dans ce cas, il vaut mieux prendre ses affaires et partir pour se protéger, puis mettre en place une procédure de divorce, le cas échéant. En effet, il s'agit vraiment de « sauver sa peau » et de sauver ses enfants par la même occasion.

Un changement en entraîne d'autres

Malgré une existence apparemment bien remplie, Guy a ressenti un immense vide à la suite de la séparation après vingt ans de vie commune : « Même si ce choix était une décision commune et sans urgence, et non en raison d'une double vie de la part de l'un ou de l'autre, s'installe vite un immense vide qui impose un coup d'arrêt à vingt ans de vie commune. Certes, des changements se sont imposés en plus, changement de travail, changement de résidence à installer et équiper, changement d'agenda imposé par des programmations nécessaires pour recevoir et voir les enfants... »

L. O. – Comment faire face au vide ? inventer une nouvelle vie avec de nouvelles activités ? de nouvelles relations ? Peut-on passer d'une vie à l'autre rapidement ?

S. T. – Faire face au vide est précisément une des étapes du processus de deuil. Il n'est pas possible d'éviter ce face-à-face désagréable. Bien entendu, cela n'empêche pas, ensuite, de s'engager dans des activités qui nous correspondent et qui nous motivent. D'une certaine façon, cela correspond à une façon très saine de se réinscrire dans le présent, dans le réel, et d'apprendre à vivre sans l'autre, sans nos anciens repères aussi…

*

L'apprentissage du deuil est surtout celui du changement. Notre cerveau en est très friand. Il crée alors de nouvelles connexions neuronales, on appelle cela la « neurogenèse ». Elle permet d'enclencher de nouvelles façons de faire et de vivre, et de pouvoir passer à autre chose.

Être fort face aux ruptures demande donc d'accepter le temps du deuil puis d'être apte au changement. Cela demande beaucoup de souplesse et une grande adaptabilité. C'est le chemin de toute une vie, mais il est nécessaire pour vivre au mieux dans un monde qui change à la vitesse du son.

Alors, comment être souple face à l'adversité ?

Peut-être est-il bienvenu d'envisager un plan de repli, « au cas où », car « on ne sait jamais » ! Mieux vaut ne pas avoir de certitudes, penser qu'on ne maîtrise rien et que tout peut changer du jour au lendemain, vivre « un jour après l'autre ». Une sorte d'apprentissage de l'humilité, première des sagesses.

D'après l'enquête que nous avons réalisée, les ressentis qui suivent une séparation sont extrêmement variés. Le plus souvent, on trouve :
- soulagement ;
- incompréhension ;
- choc, sidération ;
- manque, tristesse ;
- peur, vide ;
- empathie ;
- colère ;
- abandon.

CHAPITRE 4

Les deuils d'amour

Laisser le deuil avoir lieu nécessite de la force intérieure mais aussi de l'humilité. Seule cette dernière rend possible la réalisation du processus d'acceptation de la perte, de son caractère définitif.

Pour s'autoriser à accepter les ruptures que l'on nous inflige, il vaut mieux se rendre à cette évidence : l'autre nous échappe et on subit sa décision, voire sa tyrannie dans le fait d'être quitté, c'est-à-dire délaissé.

Souvent considérée comme injuste, la rupture occasionne de la colère. Accepter l'injustice fait donc partie du processus de rétablissement, dans le sens d'une convalescence qui rend possible la guérison profonde.

Le temps, qui inclut le lâcher-prise, est un autre facteur de cicatrisation. Il permet de comprendre ce qui a mené à l'échec et, parfois, de discerner que nos deuils peuvent même commencer bien avant la séparation. Certains appellent ce phénomène « les divorces silencieux », comme s'ils avaient lieu en coulisse, à notre insu.

Bon nombre de couples deviennent des coquilles vides. Le lien s'est distendu, les deux êtres sont devenus des étrangers l'un pour l'autre à force de désintérêt et de distance, si ce n'est d'indifférence.

Accomplir un deuil, c'est aussi guérir de la sidération qu'entraînent les ruptures brutales.

Laisser du temps au temps

« On finit par s'y habituer »

Derrière cette affirmation laconique, on peut pourtant déceler comme un escamotage du deuil, une esquive polie, qui se voudrait élégante, mais sans aucune résolution psychique en fait.

Pour Jules, le deuil n'est pas le mot adapté puisqu'il continue de croiser amicalement son ex-compagne, qui l'a traumatisé en voulant s'immoler devant lui après l'annonce de la rupture.

L. O. – Est-il nécessaire de couper radicalement tout contact avec son ex quand la relation a été violente ? Garder un lien d'amitié est-il possible ou souhaitable ?

S. T. – Cette nécessité de couper le lien, d'accepter la fin de la relation n'est pas d'ordre moral. Elle correspond encore moins à une volonté de vengeance. Elle naît vraiment d'un besoin vital de se retrouver, soi, puis de laisser le passé dans le passé pour pouvoir s'ouvrir à une nouvelle vie. Ne plus fréquenter l'autre est absolument nécessaire lorsque les violences, les manipulations et les injures sont venues détruire le socle de la relation. Dans ces cas-là, il serait franchement malsain de continuer à patauger dans le même bain insalubre et nocif. Certes, en dehors des relations perverses ou violentes, certaines personnes ont la maturité et la distance nécessaires pour transformer leur ancienne relation amoureuse en une amitié sincère, respectueuse et sans équivoque. Ces transformations réussies restent rares en réalité.

Un deuil réellement vécu est douloureux

Le processus du deuil tel que l'a vécu Victoria a progressé lentement. La première année a été extrêmement difficile, avec des hauts et des bas. Depuis, l'optimisme semble pouvoir revenir progressivement, même si son ex-conjoint continue à faire pression sur elle et à la terroriser…

« Je dirais qu'environ une grosse année s'est écoulée avant que le deuil de cette histoire soit complet. La douleur s'est faite de plus en plus sourde pour finir par disparaître et laisser le goût d'avancer et mon optimisme reprendre le dessus. Pourtant de son côté, je sentais cette histoire encore très présente dans sa vie à lui : sa femme m'a insultée en pleine rue devant mes collaborateurs un an après.

» Quant à lui, juge dans un tribunal, il m'avait juré de ruiner ma carrière si je ne validais pas tous ses dires. Il a malheureusement mis à exécution ses menaces et, au vu de son pouvoir, a tout fait pour mener une véritable destruction insidieuse contre moi. La peur est donc restée extrêmement présente même après le deuil car je le savais vraiment manipulateur. Il savait tout ce que je faisais, s'adressait à mon entourage en disant que j'aurais des problèmes et leur disait que si ces gens me répétaient quoi que ce soit, il mettrait son pouvoir à exécution.

» Par ailleurs, il a également fait peur à mes concurrents qui ne me connaissaient pas puisque j'étais récemment installée. Il leur disait :

méfiez-vous d'elle, tenez là loin, elle est dangereuse, etc. Je crois bien que sa stratégie a été de semer le doute et de ce fait il y a eu deux courants : ceux qui ont préféré juger sur pièces et ceux qui par peur m'ont fuie, voire agressée, sans même me connaître. »

L. O. – Quelle part joue la perversion dans les manipulations de l'ex de Victoria ?

S. T. – Cet exemple est très instructif car il illustre bien que les manipulations ne sont pas toutes de nature perverse. Avant d'être pervers, l'ex-amant de Victoria est un personnage dominateur et despotique, qui ne supporte ni l'échec ni l'opposition ni la contradiction. Par dépit « amoureux » et par orgueil surtout, il se venge et affirme son pouvoir, en en abusant. Il joue de ses influences comme un petit seigneur au Moyen Âge, ou comme un pâle mafieux, finalement assez minable. Il essaie de prouver à Victoria, et surtout à lui-même, qu'il est puissant, dans une surenchère pitoyable. Tout cela n'est pas de la perversion, même si c'est déjà très moche. Cela révèle la mesquinerie du personnage et sa vacuité, son peu d'humanité. En fait, la perversion était plus nette dans son côté séducteur, menteur, prometteur, discoureur et bonimenteur, lors de sa phase de conquête, quand il croyait pouvoir jouir de deux femmes à la fois, sans avoir à faire d'effort et sans avoir à choisir.

Là encore, on peut se demander comment on peut tomber amoureuse (ou amoureux) d'un personnage si falot. Cela prouve à quel point nos idéalisations amoureuses sont puissantes et impropres à prendre le réel en considération…

Lenteur du deuil

Un vrai deuil est nécessairement lent. Il faut beaucoup de temps pour panser les blessures et oublier les dérapages, les éclats et les injures.

Stéphane témoigne : « La période de deuil a été longue. J'aurais pu oublier très vite ce quotidien désastreux, mais j'ai eu du mal à me remettre de tout ce qui avait été dit. J'avais perdu confiance en moi. Je ne me sentais pas capable de recommencer une relation et j'avais peur d'être de nouveau profondément déçu. »

L. O. – Comment expliquer que Stéphane ait perdu confiance en lui ?

S. T. – Stéphane explique lui-même qu'il a « peur d'être de nouveau profondément déçu ». Cela révèle qu'il attend beaucoup de l'amour, d'une relation amoureuse et de la personne aimée, comme tout être humain sensible et sincère. Cette prudence fait vraiment partie du lent processus du deuil. Pendant un long temps, il est impossible de tomber de nouveau amoureux, et l'on a du mal à comprendre comment font certaines personnes qui se lancent tout de suite tête baissée, aveuglément, dans une nouvelle aventure. Stéphane apporte un autre élément de réponse à sa perte de confiance en lui. Il reconnaît qu'il a eu « du mal à se remettre de tout ce qui a été dit ». Son honnêteté l'honore en tant qu'humain, car elle lui permet de repérer à quel point les mauvaises paroles, les invectives et les injures sont blessantes, laissent de profondes cicatrices et dénaturent la conception que nous avons de nous-même.

Là encore, du temps est nécessaire pour prendre soin de soi, de façon authentique, et retrouver une vraie confiance en soi (et pas une fausse assurance de façade).

Certains deuils ont lieu avant la séparation

Si curieux que cela puisse paraître à première vue, notre enquête nous a permis de constater que, dans la réalité, lorsque la relation bat de l'aile depuis longtemps – c'est-à-dire lorsqu'il n'y a plus d'amour –, le deuil de cet amour-là ou de cette relation sans issue se trame en silence, invisible, dans la distance qui s'installe progressivement entre les protagonistes.

Certaines relations ne tiennent pas la route

Loïc parle d'une grande usure avant la séparation. Le soulagement de partir a fait le reste : « Les dix ans que nous avions passés ensemble avaient tellement usé mon amour que cela ne m'a pas été douloureux de faire le deuil de mon ex-femme. Sans être non plus soulagé, j'étais vraiment parti dans une autre vie et je voulais la vivre. Il n'y a pas eu de longue conversation au téléphone pour garder un contact ou des dîners, des sorties pour continuer à se fréquenter un peu. On n'a jamais "remis le couvert" et pour ma part je ne me suis jamais posé la question d'un retour. C'était la fin et c'était sûrement mieux comme ça. De toute manière, j'étais depuis des mois face à quelqu'un de muet et d'hostile. Quelqu'un qui vous réserve toujours une mauvaise surprise à un moment ou à un autre. »

Matthieu ne ressentait plus d'amour depuis longtemps. De fait, le deuil a eu lieu avant la séparation : « Je ne peux pas parler de deuil amoureux car je ne ressentais plus aucun sentiment pour ma compagne depuis fort longtemps. Je vivais dans l'adultère. J'ai mené une double vie pendant neuf mois, et même une triple vie pendant une brève période. Seul l'amour que je ressentais pour mes enfants m'avait empêché de partir, même si j'en avais évoqué l'idée à maintes reprises. »

Pour Paul, le détachement a eu lieu avant la séparation. La possibilité tant attendue de vivre avec son amour de jeunesse retrouvé change la donne et l'incite à partir : « On ne peut pas parler de deuil amoureux mais plutôt de lune de miel... En effet, Brigitte, le jour de mon départ et ne sachant absolument pas que je partais de chez moi (nous ne nous étions pas parlé depuis quarante-huit heures) a décidé de partir également (sans savoir que je prenais la même décision au même moment quasiment) quand son mari lui a demandé des comptes après le coup de fil de mon épouse. Elle est également partie avec un sac de voyage et nous nous sommes retrouvés, alors que quelques heures plus tôt aucun de nous deux ne savait encore comment tout cela allait tourner. En revanche, nous ne doutions pas une seconde de notre amour et surtout de la cohérence de cette relation. Nous avons logé un mois à droite à gauche chez des amis avant de trouver un appartement. »

L. O. – Une dégradation progressive du couple amorce-t-elle le deuil en amont ?

S. T. – Dans tous les couples, les déceptions, les disputes virulentes, les malentendus de fond et, surtout, l'infidélité, mettent à mal l'idéal amoureux des origines et plus encore les promesses d'accomplissement qui sont au fondement de la relation. Ces moments de crise engendrent de nécessaires réajustements, pour chacun et entre les deux personnes de la relation. Ne parle-t-on pas de « petites morts » ? Ces réaménagements correspondent à des deuils mineurs qui n'empêchent pas la relation amoureuse de continuer et de croître, au contraire. En revanche, lorsque l'amour n'y est plus, ces deuils mineurs deviennent un deuil majeur qui ne dit pas son nom mais qui se réalise au fil des mois, voire des années, pour aboutir à la fin effective de la relation, avant même la séparation.

Le chaos et la stupéfaction escamotent le deuil

Fusion et dépendance rendent l'autre apparemment « indispensable »

Sofia vit une sorte de va-et-vient anarchique et chaotique, sans deuil réel, mais plutôt comme une habituation progressive à ne plus vivre avec l'ex. Pour elle, la séparation ne devient possible que lorsqu'un deuxième homme prend la place du premier. Cela révèle une forme de dépendance affective très forte, un mode extrêmement fusionnel de relation avec autrui.

« Je suis partie de nombreuses fois et je suis revenue. J'étais dans un état de dépendance totale. Mon ex-mari savait exactement toucher là où ça fait mal, me culpabiliser, mentir effrontément. Je finissais par douter de moi et je revenais. C'est grâce à une rencontre que j'ai pu enfin partir. »

Fanny a très mal supporté la rupture. Elle vit un véritable effondrement et plonge dans le chaos. Cette profonde fragilité provoque une frénésie de « relations amoureuses » ou de « rencontres » s'en approchant.

Elle passe d'un homme à un autre pour combler le vide et, comme elle court après un mirage, elle se fait quitter chaque fois : « J'étais complètement déstabilisée : émotionnellement, je ne gérais plus rien. Je passais de la tristesse très profonde à de la colère grave. Je tombais éperdument amoureuse de la moindre personne que je rencontrais. Ces hommes me quittaient et ça se terminait chaque fois dans les pleurs et les cris. C'était obsessionnel, je n'acceptais pas la rupture et j'en souffrais terriblement. Quelques mois passaient, je rencontrais quelqu'un d'autre et le même scénario recommençait... »

Sur le plan professionnel aussi, Fanny s'est sentie fragilisée, déstabilisée, détruite même. Elle a vécu une désorganisation profonde : « Côté professionnel, j'ai totalement perdu confiance en moi. J'avais vraiment l'impression qu'il me manquait quelque chose, que j'étais sur une seule jambe, j'étais comme le petit oiseau sur la branche. J'étais tellement fragilisée. Pendant notre séparation, il me répétait sans cesse qu'il ferait en sorte que je retourne d'où je viens. Je suis fille et petite-fille de mineurs, je me suis tellement battue pour y arriver, j'ai beaucoup travaillé mais j'ai aussi beaucoup galéré... et c'est vrai qu'il m'a aidée. Il a été mon coach, il m'a poussé à la réussite et aidé à réaliser mes rêves. Comme il considérait que c'était grâce à lui, il se donnait aussi le droit de me détruire. »

L. O. – Fanny est tombée dans la dépendance amoureuse. Est-ce lié à elle-même ou est-ce que cela peut aussi venir de son partenaire qui pense avoir des droits sur elle ?

S. T. – Les phénomènes de dépendance dans la relation viennent d'abord d'une fragilité de la personne elle-même qui cherche à colmater des brèches, anciennes et profondes, en utilisant l'autre comme tampon ou qui s'en sert comme d'un étayage pour tenir debout. Le partenaire joue le rôle de béquille ou, même, de prothèse. Bien entendu, les personnes qui aiment avoir de l'ascendant, plus encore celles qui cherchent à dominer, qu'elles soient perverses ou non, sentent ou savent qu'elles peuvent profiter d'autant plus facilement d'un ou d'une partenaire qui présente cette tendance à la dépendance. Il n'est pas inutile de rappeler que la dépendance affective ne va pas sans d'autres formes de dépendances : intellectuelle (je pense comme l'autre), décisionnelle (c'est lui qui choisit, je fais comme il me dit de faire), matérielle (je m'appuie sur lui, il est mon soutien) et sexuelle (au lit, il est irremplaçable) !

Les ruptures brutales sidèrent

La sidération éprouvée lors de la rupture provoque un effondrement, une désorganisation durable, voire une certaine frénésie. La sidération, tant qu'elle dure, empêche un deuil profond. Ainsi, après l'annonce brutale de la fin de sa relation avec la mère de son fils, Louis a vécu un violent contrecoup, puis s'est effondré, notamment en sombrant dans l'alcool. Il était accablé par un profond sentiment d'injustice.

« Je continue à penser que la plus grande partie de l'amour que j'avais pour Joséphine s'est évanouie lors de l'effondrement que j'ai vécu. Cependant, j'ai subi un violent contrecoup. J'ai beaucoup bu d'alcool durant les trois mois qui ont suivi. Le sentiment que je retiens est celui d'une grande injustice, à mon égard d'abord, mais surtout à celui de Marc, mon fils. »

L. O. – Pourquoi l'injustice est-elle si dévastatrice chez l'être humain ?

S. T. – Le premier phénomène qui est dévastateur, entre tous, concerne la surprise et l'impréparation. Cela donne à l'événement un caractère proprement catastrophique. C'est cela, avant tout, qui est sidérant : être pris au dépourvu et se sentir impuissant. Dans le domaine des relations humaines, un autre phénomène très important provoque la sidération : toute forme d'attaque contre l'humain, qu'il s'agisse d'injustice, d'humiliation, de fausses accusations, etc. En ce qui concerne Louis, ces deux phénomènes ont eu lieu concomitamment, ce qui explique à la fois cette intense sidération et le profond effondrement qui a suivi. Cela précisé, l'injustice constitue une véritable blessure, à plus forte raison si elle émane d'une personne proche, en laquelle on croyait pouvoir faire confiance et sur laquelle on imaginait jusqu'alors pouvoir compter.

Le deuil est remis à plus tard

Tourne, tourne manège !

Pour Noémie, le deuil est reporté sine die, *remis à plus tard. Même s'il n'y a plus d'amour depuis longtemps, Noémie n'arrive pas à admettre que sa relation conjugale est terminée, tant le combat est rude pour elle au quotidien. Chaque semaine où elle est sans ses enfants, elle fait tout pour oublier la douleur et le désordre de sa vie, la pesanteur d'une procédure de divorce qui n'en finit pas. Elle sort énormément, veut se prouver qu'elle peut plaire et cherche à s'étourdir…*

« J'ai besoin de sortir, d'oublier tout ce gâchis, de me sentir belle, de voir le regard d'un homme sur moi. Pour moi, c'est vital de plaire à

nouveau. J'ai tellement besoin de me sentir reconnue et d'être légère. Je veux faire la fête et ne plus penser à rien. »

L. O. – S'étourdir est-il une solution ?

S. T. – Tout dépend de quel point de vue on se place. D'un point de vue moral, rationnel et extérieur, la réponse est : « Non, ce n'est pas une bonne solution », de façon quasiment certaine, et bien des psychistes, des « psys » comme on dit, adoptent ce point de vue là, par facilité, faible compétence, et manque d'humanité aussi. En revanche, si on laisse Noémie expliciter ce qu'elle est en train de vivre, elle explique très bien qu'elle n'arrive pas à faire autrement, que pour elle – sinon – ce serait l'écroulement, et qu'elle ne peut pas se le permettre car elle doit s'occuper de deux enfants en bas âge qui n'ont qu'elle, dans la réalité, le père étant indifférent à ses enfants. Cette période de tournis et d'étourdissement vertigineux, aujourd'hui terminée, lui a permis de faire face, de sortir des pièges répétitivement tendus par un mari particulièrement retors et vicieux, qui avait le bras long dans une petite commune où les malversations de toutes sortes étaient la règle. Passé cette période de quelques mois, Noémie a trouvé un travail qui lui convient, elle s'est posée et se recentre sur sa relation avec ses enfants.

Un héros sans deuil

Dans l'histoire de Guy, le deuil est retardé, là encore reporté à un jour improbable, avec une étonnante apparence de « facilité », une absence de douleur ou de difficulté. Cette situation fait craindre un déni : il existe des dénis de deuil comme des dénis de grossesse…

« Étrangement les premiers mois ont été simples, mais en apparence seulement. Il s'agissait, sans expliquer, de confirmer dans les faits que les enfants (deux garçons de 11 et 15 ans) conservaient une famille et qu'ils pouvaient compter sur moi autant que sur leur mère avec laquelle ils vivaient. J'étais en cours d'acquisition d'un appartement de 125 m² où chacun avait ses marques, sa chambre et de la place. J'assurais seul la charge financière de tout le monde, comme si rien n'avait changé, ce qui a fini par me poser une vraie difficulté. »

L. O. – Ce que fait Guy est confortable. Est-ce de la négation ? Un manque de courage ?

S. T. – Oui, tout cela à la fois. En effet, certaines personnes préfèrent choisir ce qui leur sera le plus confortable ou le moins inconfortable. C'est leur repère, quand d'autres auront comme repères des valeurs telles que le courage, la liberté ou l'amour, c'est-à-dire le cœur, car ces trois qualités vont ensemble. Au bout du compte, le choix du confort impose de faire des arrangements avec soi-même et avec les autres, puis progressivement on glisse vers l'aveuglement ou l'insensibilité, même partiels : on ne veut pas percevoir la réalité telle qu'elle est, alors on s'arrange également avec elle, on se raconte une autre histoire… mais la réalité est là, qui vous rattrape et se rappelle à vous. Pour Guy aussi, qui prend enfin conscience du poids que cela représente, pour lui, de vouloir trop bien faire. Ne jugeons pas, car ce n'est pas si facile d'être un héros, pour personne ; en fait, c'est même plutôt impossible !

*

Que retenons-nous de ces témoignages sincères et souvent poignants ? Les ruptures sont violentes, au fond, toutes ou presque, car elles réactivent l'une des peurs primaires de l'être humain : l'abandon.

Elles sont un acte de bravoure puisqu'elles sollicitent notre énergie, notre courage et surtout notre adaptabilité, notre compétence au changement. « *Struggle for life* », disait Darwin : le combat pour la vie !

Peut-on aller jusqu'à dire que les ruptures sont sources de renouveau, de renaissance même, en tout cas d'évolution, car elles nous permettent – en principe – de nous remettre profondément en question et de nous relever pour ne pas en mourir, d'une façon ou d'une autre ?

Pour le voir sous un jour favorable, on peut penser que les personnes qui ont connu des ruptures dans leur vie, et qui s'en sont relevées, ont ainsi acquis une « compétence » non négligeable, à l'heure des divorces et des changements intempestifs de partenaires.

- Les deuils d'amour sont longs, pénibles et douloureux.
- Beaucoup de temps est nécessaire. Il vaut mieux laisser faire : une grande partie du processus de deuil échappe à la volonté.
- Parfois, un choc très puissant ou le déni de la séparation entravent le deuil.
- Certains deuils sont même résolument escamotés, sans cesse remis à plus tard…

CHAPITRE 5

Commencer une nouvelle vie

Avancer, « passer à autre chose », comme on dit, ne va pas de soi, sauf peut-être pour des personnalités facilement déçues ou ayant une peur farouche de l'abandon. En effet, ces dernières ont l'habitude de rompre au moindre désaccord et de recréer aussitôt un lien intense même s'il est peu durable.

D'autres personnes, en revanche, sont incapables de changer. Elles regrettent, durant toute leur vie, leur premier amour, leur mari (leur femme), leur amant (leur maîtresse), et se coupent de toute possibilité de construire une autre relation, persuadées qu'elles sont d'avoir définitivement loupé leur seule chance amoureuse. Elles sont dans le fantasme de l'amour unique et immortel, idéalisé dans les contes de fées, plutôt que dans l'amour incarné avec ses aléas.

Comme dans toute démarche d'incarnation, il s'agit de sortir du fantasme pour revenir au réel, par une prise de conscience libératrice, ou grâce à une thérapie qui permettra aussi de se dégager complètement de l'emprise sournoise dans laquelle nous tiennent les relations perdues.

Parfois, c'est une nouvelle rencontre amoureuse qui permet la guérison ou même, enfin, la découverte de l'amour.

On peut commencer une nouvelle vie en puisant sa force dans le travail, un projet personnel, la participation à une association, un nouveau hobby, etc. L'énergie nécessaire à un nouveau départ se trouve parfois aussi auprès de ses enfants.

L'insistance du passé : ceux qui ne tournent pas vraiment la page

Une accumulation d'expériences

Certains affirment qu'il leur est impossible de passer à autre chose.

C'est ce que déclare Jules : « À cause des secousses telluriques de ma vie qui s'accumulent, ces expériences sont ineffaçables, mais ce n'est pas grave pour moi. J'ai du mal à en vouloir. J'ai tendance à ne retenir que le positif. »

L. O. – Jules semble vouloir « positiver » en niant la nécessité du deuil, y a-t-il un risque ?

S. T. – Dans ce que Jules affirme, on peut percevoir le souhait de mettre à distance une expérience douloureuse en la relativisant, c'est-à-dire en la banalisant. Il est possible que cela aide Jules à supporter le désarroi de la séparation. Pourtant, on ne peut pas s'empêcher de se demander si, là encore, il ne s'agit pas plutôt d'un deuil escamoté, d'une façon d'esquiver le réaménagement profond que nécessite un deuil. En l'absence de ce réajustement, le risque est effectivement d'accumuler des expériences en les collectionnant sans réellement se laisser transformer par chacune d'elles, sans « en tirer les leçons » pour le dire plus explicitement.

L. O. – Pourquoi vouloir rester ainsi dans le passé ? Jules ne confond-il pas vivre et survivre ?

S. T. – Peut-être qu'il s'agit, en effet, d'une façon de rester en lien avec la femme qu'il a aimée. En quelque sorte, il l'a quittée physiquement mais il reste avec elle psychiquement. La relation continue pour lui de cette façon-là. Dans ce cas, bien entendu, on peut supposer qu'il vit dans le passé, mais surtout qu'il vit dans l'imaginaire. Lui seul pourrait confirmer cette hypothèse…

L. O. – Quand Jules dit « ineffaçables mais pas graves », ne tente-t-il pas de minimiser la violence de sa rupture ? Est-ce une bonne méthode ?

S. T. – Non, ce n'est pas une bonne méthode, mais c'est un mécanisme de défense « efficace », dans le sens où ce mécanisme éloigne la douleur et peut même aller jusqu'à insensibiliser, à se défaire de sa sensibilité (sensations, émotions et sentiments) jusqu'à ne plus rien ressentir. Cette forme de déni présente le risque important de minimiser durablement la violence de la rupture, d'en nier la réalité. Sur le moment et dans les jours qui suivent, ce n'est pas vraiment possible de faire autrement. Une fois sorti de la sidération due au choc traumatique, il vaut mieux accueillir la réalité telle qu'elle est pour l'élaborer, la digérer. Sinon, elle reste enfermée en soi comme une cave pleine d'explosifs, ou attachée comme un boulet au pied qui empêche d'avancer. Lorsque le processus de deuil n'arrive pas à s'enclencher, il est bienvenu de s'engager dans une thérapie.

Revenir à la réalité présente

Ouvrir enfin les yeux

Pour d'autres, comme Victoria, la prise de conscience qui déclenche ou qui suit la séparation est libératrice car elle permet de découvrir la vraie nature de sa relation : elle trouve que l'homme qu'elle avait admiré et idéalisé est, en fait, « faible et pervers ».

« Le déclic a eu lieu le jour où j'ai réalisé que l'homme que j'avais aimé n'existait finalement pas. Il m'aurait fallu accepter un rôle qui n'avait finalement jamais été le mien. J'avais été aveuglée à l'idée de plaire à cet homme qui avait été un modèle et que je trouvais désormais aussi faible que pervers. »

L. O. – Victoria n'a pas eu un bon discernement, elle s'est trompée sur la véritable identité de son ex. Elle prend donc aussi la responsabilité de son échec. Cette lucidité est-elle rendue possible grâce à l'humilité ? au courage ?

S. T. – Comme le dit Victoria elle-même, il s'agit d'un déclic, comme une prise de conscience fulgurante, quelque chose qui lui « saute à la figure ». L'humilité et le courage entrent en jeu après ce « déclic », car on peut avoir un éclair de lucidité sans en tenir compte. L'important est en effet d'accepter la réalité telle qu'elle se révèle à nous dans ces moments-là, même si elle n'est pas glorieuse, et d'en tenir compte pour changer sa façon de penser et d'agir.

S'engager dans une thérapie

L'humilité permet une remise en question salutaire. Elle ouvre la voie à un questionnement intime et à une volonté de progresser pour ne plus se tromper dans ses choix sentimentaux.

Fanny a recours à plusieurs méthodes thérapeutiques : « J'ai fait appel à des médecines parallèles : la kinésiologie, l'acupuncture, les massages énergétiques, et le sport bien sûr. J'ai aussi essayé plusieurs psys, mais le seul qui m'a vraiment aidée, c'est le docteur Christian Roche : il a développé une méthode appelée l'OEM, l'Ortho Energy Method. Cela m'a permis de gagner en énergie positive, à mieux vivre les émotions et le stress, à avoir moins peur. Je me suis sentie beaucoup mieux, plus heureuse, bien dans ma peau, dans mon corps et dans ma tête. J'ai aussi retrouvé cette force que j'avais en moi depuis toujours et que j'avais perdue. »

L. O. – Comment un psy peut-il nous faire prendre conscience de nos erreurs ?

S. T. – Le praticien est un professionnel neutre qui ne participe pas à la vie de ses patients et peut donc garder une distance suffisante avec eux pour les aider à y voir clair en eux et dans leur existence. Il joue alors le rôle d'un miroir symbolique qui favorise les prises de conscience. Cela n'est possible que parce qu'il ne juge pas et ne fait que renvoyer à sa patiente ou à son patient la réalité qui est la sienne.

L. O. – Un psy peut-il aider à éviter les mêmes erreurs dans la conduite de nos relations amoureuses ?

S. T. – Le clinicien ne peut que pointer la réalité, par exemple en indiquant que la personne qu'il écoute est en train de répéter la même erreur que par le passé. Chaque patient garde son libre arbitre et décide en connaissance de cause. Ce qu'apporte la thérapie, c'est de devenir conscient de ses erreurs et de la possibilité de les répéter. Le patient ne subit plus aveuglément ses répétitions : il peut donc choisir d'innover dans ses relations avec les autres, en amour notamment, en s'y prenant désormais autrement.

Lorsque la vie se déploie de nouveau

Noémie a pu se reconstruire grâce à la reprise d'un ancien travail (avec une possibilité de promotion), de nouveau une vie de femme, beaucoup de bon temps avec les enfants, et une psychanalyse : « J'ai compris que je ne pouvais plus continuer à survivre en pilotage automatique, en faisant les tâches du quotidien sans être vraiment là. Maintenant, j'ai une vraie relation avec mes enfants, avec chacun d'eux. Ils vont mieux. Je danse, je joue, je ris avec eux. C'est déjà un bon début. »

L. O. – En quoi le travail et les enfants sont-ils un bon refuge ?

S. T. – S'impliquer dans son travail et s'occuper de ses enfants sont des activités qui ancrent dans la réalité, une réalité suffisamment concrète, pratique et fiable pour pouvoir se reposer sur elle et retrouver de bons repères de vie. Ils sont aussi un bon refuge, c'est vrai, surtout la relation avec les enfants, parce qu'ils apportent des gratifications, des réalisations tangibles, d'autant plus que les enfants sont généreux en amour, en affection, grâce à leur capacité à donner en retour toute l'attention qu'on leur accorde, et plus encore.

Retour au pays de l'amour

Une nouvelle rencontre

C'est souvent grâce à une nouvelle histoire d'amour que le retour à la joie de vivre et à l'élan créateur est le plus net.

Ainsi Sofia a réussi à laisser définitivement derrière elle son ex-conjoint toxique grâce à un nouveau partenaire : « J'ai réussi à sortir de cette histoire en rencontrant mon mari actuel. » Sofia a laissé un homme menteur et manipulateur pour un compagnon honnête et fidèle. La qualité de sa vie s'en trouve profondément améliorée.

L. O. – Oublier quelqu'un grâce à quelqu'un d'autre, on dit que c'est une relation « sparadrap » ou « pépinière ». Ces nouvelles relations peuvent-elles durer ?

S. T. – Les « on-dit » sont souvent bien cruels. En fait, tout dépend de la façon dont est née la nouvelle relation. S'il est question de trouver un nouveau partenaire « bouche-trou » pour ne pas ressentir le manque ou pour éviter d'être seul(e) ou encore pour recouvrir la relation précédente en croyant l'effacer, alors il s'agit d'une manœuvre défensive contre une réalité difficile à vivre. En revanche, certaines personnes sont de nouveau réellement amoureuses, sincères dans leur démarche, authentiques dans leurs sentiments et leur nouvelle relation affective leur fait le plus grand bien, les replonge dans le désir et la joie d'aimer. Qui pourrait y trouver à redire ? Aimer et travailler, pouvoir aimer et travailler disait Freud, voilà la santé mentale.

Le travail comme planche de salut

Dans une période de flottement, le plus aidant peut consister à se recentrer sur son travail.

> *« J'ai réussi à tourner la page dans un premier temps en me réfugiant dans mon activité professionnelle. Puis j'ai rencontré une femme qui m'a fait ressentir ce que je ne connaissais pas, une sorte d'évidence, comme si je la connaissais depuis toujours, accompagné d'une envie d'être à ses côtés dès que possible. »*

L. O. – Le travail agit ici comme un sas entre un ancien amour et un nouvel amour. Vaut-il mieux une période de vide avant de pouvoir se réengager vraiment ?

S. T. – Dans l'idéal, oui, cela semble mieux. Cela permet de comprendre ce qui est arrivé dans la relation précédente, pour quelles raisons elle a pris fin et de se préparer à une nouvelle relation amoureuse avec une meilleure connaissance de la situation, de ses capacités aussi et de ses attentes, de ce que l'on veut vraiment ou vraiment plus. Par ailleurs, ce temps de repos est propice à la guérison des blessures et, surtout, aux retrouvailles avec soi-même. Ce serait dommage de l'escamoter, de ne pas pouvoir le savourer. Enfin, s'accorder du temps avant une nouvelle rencontre permet d'éviter de foncer tête baissée en se précipitant sur la première personne venue, donc en s'infligeant soi-même, de nouveau, des déceptions, des déboires et des souffrances.

Il arrive aussi qu'une combinaison favorable de facteurs facilite la dynamique d'une nouvelle vie, comme un alignement propice de planètes.

Stéphane a pu bénéficier à la fois d'un nouveau travail avec plus de responsabilités et de la découverte d'un nouvel amour. Il s'agit, en quelque sorte, d'une « combinaison gagnante ».
Stéphane prend un nouveau départ : « J'ai d'abord changé de travail. On m'a rapidement confié plus de responsabilités. Cela m'a redonné un peu plus confiance en moi. Cela m'a surtout changé les idées. Je pouvais m'engager dans autre chose. Puis, comme j'allais beaucoup mieux, j'ai rencontré une autre femme, très différente, incomparablement plus douce et plus attentive, très à l'écoute, voulant bien faire. En fait, j'ai découvert l'amour. Je ne savais pas ce que c'était avant. Cette femme m'a aimé, m'aime. Sa sincérité me touche beaucoup. »

L. O. – Après une rupture difficile, la confiance en soi est-elle mise à mal ?

S. T. – Oui, « fatalement » pourrait-on dire, la confiance en soi est bousculée, érodée, voire brisée par la rupture. Plus la rupture est brutale, violente et incompréhensible, plus le choc mine la confiance en soi. Devenir de nouveau capable de s'aimer, de s'apprécier, de s'estimer, donc de s'accorder de la valeur à ses propres yeux est fondamental pour pouvoir s'engager dans une nouvelle relation amoureuse. Cela dit, dans son témoignage, Stéphane apporte deux éléments fondamentaux qui soutiennent et nourrissent la confiance : être apprécié sincèrement par une personne qui s'intéresse réellement à nous et connaître un véritable amour, car avant – lors de relations précédentes – il ne s'agissait pas forcément d'amour mais d'intérêts matériels, d'ambition sociale, d'attirance sexuelle, d'attachement fusionnel, de dépendance, etc. Beaucoup de témoignages insistent sur cet aspect fondamental.

Sortir de l'emprise des fantômes du passé

Paul a réussi à s'en sortir en deux temps. D'abord, il a gagné en légèreté loin d'un quotidien sous pression, avec tout de même un harcèlement continu de son ex-femme. Ensuite, il a trouvé le courage de sortir complètement de ses griffes, pour se défaire de son emprise.

« Au quotidien, et dès que j'ai quitté mon domicile, j'ai ressenti une véritable libération. Comme si on m'avait enlevé un énorme poids posé sur ma poitrine. Un bonheur au quotidien d'être avec Brigitte avec qui la relation est très paisible, avec qui je suis en confiance absolue. En revanche, mon épouse nous a harcelés (e-mails, SMS, coups de fil, parfois quarante en trois heures si je ne décrochais pas)

durant une année. Si j'étais complètement passé à autre chose dans mon esprit et dans mon cœur, j'étais encore sous l'emprise de mon ex-épouse. Je ne l'ai revue qu'une fois durant cette première année (elle voulait me faire signer quelque chose), mais je décrochais pour lui répondre chaque fois qu'elle appelait (si je ne le faisais pas elle me menaçait de diverses choses, comme d'aller faire un scandale à mon travail), et j'ai accepté tout ce qu'elle me demandait. Ainsi la première année je lui ai donné la somme qu'elle exigeait (soit 80 % de mon salaire !), alors que financièrement je ne m'en sortais pas du tout. »

Les exigences de l'ex-épouse de Paul étaient aberrantes et insensées. Heureusement, la présence attentive de sa nouvelle compagne l'aide à s'en dégager, en « arrêtant de lui obéir ».

« J'ai failli signer des attestations sur l'honneur qu'elle avait préparées. Une m'engageait à ne pas demander le divorce avant 2021 (alors que je voulais divorcer) et une autre était une reconnaissance de dette de moi à elle (bien entendu qui ne correspondait à rien de réel puisque j'ai été le seul à gagner notre vie durant notre mariage). Si je n'ai pas signé ces papiers délirants (qui de toute façon n'avaient aucune valeur juridique, elle les avait rédigés elle-même, mais un sens psychologique, elle me faisait encore faire ce qu'elle voulait), c'est uniquement parce que pour la première fois j'ai vu à quel point ma réaction rendait Brigitte inquiète et malheureuse. Sinon je signais, pour avoir la paix, je croyais. Alors que la paix, j'ai commencé à l'avoir en fait quand j'ai arrêté de lui obéir. Au bout d'une année, j'ai enfin eu la force de voir une avocate et d'agir comme elle me le conseillait (alors que Brigitte me disait la même chose depuis un an). J'ai diminué la somme que je donnais, j'ai coupé tout contact avec mon ex-épouse. Je ne lui ai plus jamais répondu au téléphone, je n'ai plus communiqué que par écrits avec un ton "juridique" quand je devais l'informer sur un point

précis. Elle a continué (et continue encore) à m'envoyer de nombreux messages écrits (toujours des insultes et des menaces) par WhatsApp, mais à un rythme beaucoup plus espacé, auquel bien entendu je ne réponds plus. Ces messages ne me tordent même plus le ventre (mais c'est récent). »

L. O. – Un seul verbe résume à lui seul le témoignage angoissant de Paul : obéir.

S. T. – Oui, c'est très impressionnant ! Comment un adulte peut-il obéir à ce point à un autre adulte ? Comment peut-on en arriver à un tel degré de soumission, y compris après la séparation ? Il semble que Paul a non seulement accepté d'obéir aux ordres, souvent déraisonnables voire délirants de son ex-femme, mais qu'il s'imposait également lui-même une ligne de conduite très contraignante, un peu comme une forme de sacrifice.

L. O. – Le harcèlement de son ex-épouse est-il à l'image de sa personnalité tyrannique ?

S. T. – Oui, bien entendu, les tyrans domestiques harcèlent souvent celle ou celui qui leur échappe, autant par dépit que par volonté de maintenir leur emprise despotique sur eux. Ici, il y a aussi une dimension de folie de la part d'une femme dont Paul dit bien qu'elle est délirante.

L. O. – Faut-il fuir des personnes qui vous demandent, dès le début d'une relation, d'obéir ?

S. T. – Là encore la réponse est assurément oui. Il est vital de fuir dès que possible, le plus tôt possible, toute personne qui demande à l'autre de lui obéir, car il ne s'agit pas du tout d'amour, mais de son contraire : de pouvoir et de domination. Dans ces conditions, une seule chose est sûre : la souffrance et le malheur sont au rendez-vous, sans compter les remords de s'être laissé écraser.

Se recentrer sur l'essentiel

Chacun a ses valeurs, ses idéaux, ses besoins, son jardin intime, ses personnes ou ses moments « ressources ». Il est primordial de savoir ce qui, dans la vie, constitue notre source de ressourcement, ce qui nous aide à nous retrouver et à aller mieux. Une passion, une personne, une activité, un lieu, un domaine de création. Une fois cette source identifiée, il est nécessaire de s'y consacrer réellement dans les moments difficiles afin de remonter la pente.

Loïc s'est consacré à ses enfants : « Je ne me suis préoccupé que des enfants que nous avions en garde partagée. Pour eux, il fallait avancer. La grande tristesse était de voir mes enfants tristes, mais la fin de mon couple ne m'a pas atteint au point d'avoir des difficultés ou de sombrer. »

L. O. – Le risque n'est-il pas de faire porter aux seuls enfants le sens de la vie de l'adulte ?

S. T. – Certains adultes sont parents avant tout et s'occuper de leurs enfants est leur priorité, c'est au centre de leur existence. Pour d'autres, ce recentrage sur les enfants est passager, il va durer quelques mois ou quelques années avant de repartir dans une relation amoureuse. Chacun trouve son équilibre. Ce qui serait dommage, en fait, serait de sacrifier ses enfants par égoïsme ou désinvolture.

Louis s'est occupé de son fils et a passé beaucoup de temps avec lui : « Ce qui m'a permis de tourner la page, c'est de m'être occupé de mon fils, malgré les conditions émotionnelles compliquées. Plus que m'en occuper, mon salut a été dans sa fréquentation. J'étais avec mon fils et cette relation était d'un grand réconfort, même si, je le redis, j'ai dû faire face pendant longtemps à de sombres émotions (j'avais des idées suicidaires). Ce lien, que nous avons réussi à tisser malgré tout, m'a été aussi utile qu'à lui. Plus tard, la psychanalyse a éclairé bon nombre de zones obscures de mon existence, ce qui m'a permis et me permet de vivre avec plus de légèreté. »

L. O. – Louis parle de « salut ». L'enfant joue-t-il ici le rôle de sauveur ?

S. T. – Je ne crois pas, car Louis parle de lien, de présence, c'est-à-dire de ce temps nécessaire pour développer une relation humaine de qualité. L'amour existe aussi dans la relation entre parent et enfant. Cet amour est profond, fondamental et digne d'intérêt. Il n'y a pas que l'état amoureux qui soit valable. En outre, une relation de qualité entre un père et son fils est suffisamment rare pour qu'on puisse s'en réjouir pour eux et souhaiter que plus de pères s'impliquent dans leurs relations avec leurs enfants. Après ce temps précieux passé entre eux, comme Stéphane, Louis a rencontré une femme qui l'a vraiment aimé. Souvent, le temps entre deux relations amoureuses permet de se recentrer sur l'essentiel pour le meilleur.

*

Commencer une nouvelle vie est possible à tout âge. Combien de personnes divorcent aujourd'hui après trente ou quarante ans de vie commune et se découvrent une existence passionnante inespérée.

L'important est de ne pas se perdre en sombrant dans l'illusion. Par exemple, celle des nouvelles amitiés trop rapidement tissées, des amourettes furtives qui abîment l'âme, des passions soudaines qui consument et refusent de s'inscrire dans la durée. Gare à la frénésie, à l'étourdissement de la nouveauté. Nous le savons tous au fond : seules les expériences pérennes sont source d'équilibre et permettent les retrouvailles avec l'amour.

Comment mieux passer à autre chose, lorsque la séparation a été très rude ?

- À la faveur d'une nouvelle rencontre amoureuse.
- En prenant le temps de se dégager complètement de l'emprise de la relation précédente.
- En se recentrant sur le travail ou sur une activité très motivante.

CHAPITRE 6

Remords et regrets embrument le présent

Il arrive que le souvenir omniprésent de l'ex-conjoint hypothèque les occasions de vivre une autre relation amoureuse. Dans ce cas, l'ex obsède, envahit les pensées, comme une mainmise de la mémoire sur le présent.

Les remords peuvent porter sur les mauvais choix de départ. Il y a aussi le remords de s'être marié, de ne pas s'être protégé, alors que d'autres regrettent, malgré toutes les épreuves traversées, les bons moments et l'entente intellectuelle.

D'autres regrets sont présents, comme de ne pas être parti plus tôt et de ne pas avoir pu assez protéger les enfants ou encore ceux de ne pas être plus souvent avec les enfants et de les sentir tristes.

Quoi qu'il en soit, assez souvent, les regrets sont relativisés par la prise en compte et le souvenir de ces réalités éprouvantes vécues dans le passé avec l'ex-conjoint, qui ont motivé le départ.

Des regrets plus ou moins présents

Un manque de discernement ?

Stéphane n'éprouve aucun regret, à part son manque de discernement au départ. Il a choisi une femme qu'il n'aimait pas et qui ne l'aimait pas.

L. O. – Comment le manque de discernement agit-il ?

S. T. – À part au tout début de la relation où des signes nous avertissent que ce qui se noue ne sera pas bon pour nous, le mental prend très vite le pas sur notre instinct et sur notre intuition. Nous sommes tous capables de nous persuader nous-mêmes que ça ira, que ce n'est pas si grave que ça, que nous y trouverons aussi notre intérêt, que les choses évolueront en bien, etc. En fait, nous nous leurrons nous-mêmes, nous nous racontons une histoire différente de la réalité et nous y croyons.

L. O. – Peut-on être amené à s'engager avec quelqu'un que l'on n'aime pas ?

S. T. – Oui, cela arrive malheureusement. On peut se croire obligé d'accepter, ne pas oser refuser, s'imaginer qu'une autre possibilité ne s'offrira pas à nous, vouloir fuir la solitude, faire plaisir à ses parents, tenir à « se caser » : il existe tellement de prétextes plus ou moins convaincants pour se forcer soi-même à se glisser dans un engagement de façade, qui ne nous convient pas au fond, et qui ne pourra pas tenir.

Jules regrette de s'être engagé dans une relation difficile et il reconnaît qu'il a manqué de discernement dès le départ : « Je vois mon ex comme une petite fille malheureuse qu'il faut aider dans la mesure du possible. Je regrette de m'être engagé dans une relation difficile, de ne pas avoir su discerner au départ une pathologie. »

L. O. – Jules s'est-il trompé sur sa motivation ? Amour ou entraide ? valorisation de soi ou amour de l'autre ?

S. T. – Oui, c'est toute la difficulté de ce type de situation. L'intensité d'une relation due aux souffrances de l'un peut entraîner l'autre à vouloir l'aider, peut-être même le (la) sauver et laisse croire que cette intensité relationnelle est de l'amour alors qu'il s'agit de tout autre chose. Pour le dire autrement, ce n'est pas parce qu'une relation est difficile donc prenante et qu'elle nous mobilise profondément qu'il s'agit d'amour. Il est possible aussi de s'aimer soi-même dans ce rôle de sauveur, ce qui complique encore plus la relation.

Guy évoque l'inconscience avec laquelle il s'est engagé. Il regrette de ne pas avoir organisé financièrement l'après-séparation : « J'ai de nombreux regrets. Des regrets de n'avoir pas vu venir le résultat de cette pression quotidienne liée à la pathologie de mon ex-femme. Des regrets de ne pas avoir voulu alerter mon entourage, à l'exception de mes parents, sur le stress que je vivais et la pression financière hors de toute logique que j'acceptais pour protéger les enfants. Des regrets enfin lors de la séparation puisque je n'avais pas cru qu'il serait nécessaire d'organiser cette séparation et d'en fixer les règles financières. »

L. O. – Le fait d'alerter son entourage peut-il faire gagner du temps sur l'éveil et le discernement d'une situation toxique ?

S. T. – Oui, c'est vraiment très important de le souligner. Le plus souvent, l'entourage croit, à tort, qu'il doit rester « neutre » ou « discret » pour ne pas se mêler de ce qui ne le regarde pas. Or ce dont nous sommes témoins nous regarde, nous ne pouvons pas faire comme si nous ne l'avions ni vu ni entendu. Dans bien des situations difficiles, il vaut mieux dire ce que l'on pense et prendre position. Cela peut se faire discrètement, mais c'est souhaitable de le faire au plus tôt, car cela donne la possibilité à notre interlocuteur de prendre conscience de ce qui ne va pas dans sa relation amoureuse et de se déterminer en conséquence : s'engager dans une médiation conjugale, une thérapie de couple ou se séparer plus tôt, si la situation est inextricable.

Fanny exprime le remords de s'être mariée, de ne pas avoir fait de contrat, d'avoir accumulé des crédits, d'avoir fait aveuglément confiance, et aussi d'avoir manqué de discernement : « Oui j'ai encore des remords... je n'aurais jamais dû me marier, j'aurais dû faire un contrat, je n'aurais jamais dû faire aveuglément confiance à mon ex. Je n'aurais jamais dû prendre de crédits à mon nom. Je m'en veux terriblement de n'avoir rien vu et rien compris. »

L. O. – L'état amoureux met en veille la méfiance et l'esprit critique. Ne devrions-nous pas nous obliger à prendre des mesures de précaution même pendant la lune de miel ?

S. T. – En effet, cela semble juste au vu de ces témoignages et des expériences malheureuses ou douloureuses de tant de patients en thérapie. Il s'agit probablement d'une révolution culturelle, mais elle est nécessaire. Nous baignons dans une culture amoureuse des contes de fées, des romans et des films sentimentaux, des romances, des dessins animés, etc. Nous voudrions croire à l'amour parfait des fictions qui nourrissent nos fantasmes et des comédies sentimentales qui nous font rêver, mais la réalité est très différente : imparfaite, bancale et prosaïque. Donc, dès le début d'une relation amoureuse, malgré les élans du cœur et l'attraction érotique, il vaudrait mieux avoir la sagesse de ne pas se précipiter à s'engager, à se promettre monts et merveilles, ou à nouer des liens trop étroits. Du temps est nécessaire pour y voir clair, pour mieux discerner et pour faire vraiment confiance.

Ambivalence entre regrets et soulagement

Sofia regrette la relation « intellectuelle » de l'équipe qu'elle formait avec son ex-mari, des bons moments passés ensemble : « J'ai toujours eu le regret de notre relation intellectuelle, la team que nous formions et les aventures extraordinaires que nous avons vécues ensemble. Mais lorsque je pense aux mensonges et au manque de courage de mon ex-mari vis-à-vis de sa culpabilité envers son ex-femme et donc les conséquences que cela a pu générer dans notre couple… j'oublie les regrets ! »

L. O. – Sofia a-t-elle été trop compréhensive ? ou trop lâche ?

S. T. – Les deux, trop compréhensive et trop lâche, et c'est d'ailleurs ce qui est particulièrement intéressant dans son témoignage très honnête, car cela nous concerne tous plus ou moins. La vie, l'amour, les relations et les êtres ne sont jamais tout blancs ou tout noirs. Il n'y a pas d'un côté les bons ou les gentils et de l'autre les mauvais ou les méchants. Là encore, c'est une vision réductrice héritée des contes de fées. Sofia ressent cette ambivalence, cette contradiction, entre le soulagement d'avoir quitté un homme qui ne la respectait pas et les moments où ils se sont bien entendus. L'un n'efface pas l'autre… De même, elle pointe le manque de courage de son ex-compagnon, ce qui est aussi une façon de parler de son manque de courage à elle : pourquoi et comment elle a pu accepter si longtemps une situation peu avantageuse pour elle, c'est le moins que l'on puisse dire. Trop de compréhension envers l'autre et trop peu de courage pour poser ses limites vont ici ensemble, car à force de tout excuser on se berne soi-même, on se voile la face et on s'empêche de prendre les bonnes décisions.

J'aurais dû partir plus tôt

De son côté, Paul regrette de ne pas être parti plus tôt, de ne pas avoir pu protéger son fils. Il repère également un manque de discernement, au départ et durant la relation, sur la toxicité de son ex-femme en tant qu'épouse et surtout en tant que mère : « Des regrets ? Oui, j'en ai bien sûr, mais pas une seule fois d'être parti. Parfois des regrets de ne pas l'avoir fait plus tôt. Des remords, ça n'est pas le mot, mais un sentiment de culpabilité, qui perdure malgré la personnalité invivable de mon ex-femme et la légitimité de mon départ. »

L. O. – Malgré tout ce que Paul a vécu de violent, pourquoi ressent-il encore de la culpabilité ?

S. T. – Souvent, faute de mieux pouvoir caractériser ce que l'on ressent, on emploie de façon très large le mot « culpabilité ». Derrière ce terme générique se cachent justement les regrets, les remords, les déceptions, les gênes et les hontes, c'est-à-dire tout ce que l'on aurait voulu éviter, tout ce que l'on aurait préféré ne pas vivre. Vraisemblablement, Paul aurait préféré partir plus tôt, éviter cette scène de violence terrible contre lui, puis devant son enfant, la tentative de suicide de son ex-femme, ses crises, ses chantages, etc. Il se sent « coupable » de ne pas avoir pu empêcher ce drame ; il s'en veut, ce qui se comprend.

Paul poursuit : « J'ai eu encore plus de remords de laisser mon fils, même s'il est adulte. Il vit encore avec sa mère et ne veut plus me parler depuis mon départ, alors que nous étions proches et avions une excellente relation. Des regrets de ne pas avoir réussi à le sauver de cette relation vampirique qu'il a avec sa mère. Des remords de ne pas avoir vu que la manière d'être mère de mon épouse (très présente, très fusionnelle, mais tout en nous répétant à lui comme à moi que tout ce que nous faisions de bien était grâce à elle) était toxique aussi pour mon fils. Ne pas avoir protégé mon fils de ça tout au long de notre vie à trois, même si moi-même je ne le réalisais pas à l'époque. »

L. O. – Pourquoi s'est-il laissé vampiriser avec son fils ?

S. T. – Pour répondre simplement et concrètement, parce que les vampires vampirisent et que les personnes vampirisées ne s'en rendent compte que longtemps après, lorsque l'épuisement commence à pointer et à devenir conscient. Le vampirisme désigne à la fois une forme de relation fusionnelle qui accapare l'autre puis le met en dépendance et un mode relationnel de parasitage par lequel on pompe l'énergie des autres : on se branche sur eux pour leur voler leur énergie vitale. Ce n'est pas facile à repérer au début, ou même pendant un certain temps, car on ne s'aperçoit pas que notre niveau d'énergie baisse et se raréfie. La crise est alors salutaire, car elle vient signaler et signifier qu'il y a danger, que la relation ne peut pas continuer sur ce mode-là. Le plus souvent, une séparation est nécessaire, car il est difficile de poser des limites valables et suffisamment protectrices pour empêcher la vampirisation.

Pas de regrets mais certains problèmes perdurent

Louis affirme que pour lui la situation ne se pose plus en termes de remords ou de regrets : « Ces mots appartiennent au passé », dit-il de façon laconique.

Est-ce vrai ? Aujourd'hui peut-être, mais cela ne l'a pas toujours été. Les regrets permettent aussi de prendre conscience des impasses dans lesquelles nous nous sommes laissé enfermer par le passé, donc cela nous permet aussi d'évoluer, de grandir.

Un quotidien empoisonné par l'ex-conjoint

Victoria est sans regret, mais le quotidien a longtemps été envahi par les tentatives de déstabilisation et de destruction de la part de son ex-compagnon : « Je n'ai absolument aucun regret. Pourtant, son harcèlement dans l'ombre a eu raison de mon optimisme et de ma confiance en moi. Il a réussi à me faire peur et à me convaincre qu'il ruinerait vraiment ma vie. Je sentais le doute s'installer dans le regard de certaines personnes et je passais mon temps à tenter de prouver ma bonne foi au lieu de me concentrer sur mon entreprise. »

L. O. – À quel profil psychologique sommes-nous ici confrontés ?

S. T. – Comme nous l'avons déjà souligné dans les chapitres précédents, il s'agit d'un homme manipulateur et sadique, bref une personnalité perverse. Là encore, nous pouvons repérer une forme pernicieuse de vampirisme. Cet homme cynique se débrouille pour intriguer contre Victoria, dans son dos et contre ses intérêts. Il met en place une forme d'influence délétère, nocive, à son encontre. Il oblige Victoria à se démener pour se protéger et pour se défendre, à dépenser beaucoup de son énergie vitale pour s'en sortir. C'est encore une façon de lui voler sa vie, son sang, donc de la vampiriser.

La souffrance des enfants

Loïc est affecté par le mal-être de ses enfants : « Je ne ressens ni regret ni remords. La seule chose qui me touche c'est de voir mes enfants tristes. »

De même, Matthieu regrette de ne pas pouvoir être plus souvent auprès de ses enfants. Il se sent coupable : « J'ai, par la suite et aujourd'hui encore, regretté de ne pas pouvoir vivre auprès de mes enfants, de ne plus être là le soir les jours où ils sont malades, de ne pas pouvoir me lever la nuit pour eux, de ne pas m'occuper de leurs devoirs scolaires en rentrant du travail, de ne plus leur préparer le petit déjeuner, etc. Cela a engendré un sentiment de culpabilité intense vis-à-vis d'eux. »

L. O. – Y a-t-il des actes, des comportements que l'on peut avoir à l'égard de ses enfants après une séparation et qui pourraient éviter la culpabilité ? de nouveaux rituels à mettre en place, des rendez-vous à inventer ?

S. T. – Matthieu se sent « coupable » de ne pas être assez présent ; là encore il s'agit surtout d'une forte déception et d'un grand regret. Une partie de la relation avec ses enfants lui échappe et cela le rend triste, bien entendu. Il est alors nécessaire de compenser ce manque de temps avec ses enfants, de présence auprès d'eux, par une qualité plus soutenue de relation. Plus de câlins, plus de mots d'amour, plus de tendresse et d'affection, plus d'écoute aussi, de bienveillance et de moments partagés. Cela peut passer par de bonnes habitudes comme aller chercher les enfants à l'école, faire avec eux des activités qu'ils apprécient, prendre le temps de les écouter raconter leur vie, choisir ensemble les sorties et les vacances. Bref, en faire sa priorité !

Noémie a longtemps regretté de ne pas pouvoir « sauver son couple et sa famille ». Elle était très attachée à son modèle de famille idéale. Elle regrette d'avoir choisi « un mauvais mari et un mauvais père ». « Je ne regrette pas la séparation, elle était nécessaire. Je regrette simplement que les enfants en aient tant souffert et que leur père s'en occupe si peu. »

L. O. – Comment Noémie peut-elle compenser l'absence du père ? En trouvant des substituts paternels récurrents ?

S. T. – Déjà, depuis la séparation, les enfants de Noémie respirent mieux, dorment mieux, mangent mieux, se sentent plus détendus et ne sont plus malades. Le simple fait de ne plus vivre de tensions et de disputes au quotidien les a libérés d'un énorme poids. Par la suite, lorsque Noémie aura un nouveau compagnon, celui-ci pourra jouer un rôle paternel auprès des enfants. En attendant, ils s'entendent bien avec leur grand-père maternel et peuvent s'appuyer sur lui, car il est très présent.

*

Bien souvent, la meilleure façon de se libérer peu à peu des regrets et des remords est de revenir au bon sens. En se rappelant que :

- Nous avons agi au mieux à l'époque en fonction de notre énergie du moment, de nos capacités, de notre fatigue, de notre héritage familial et culturel et surtout des limites de notre conjoint.
- Les torts sont partagés. On n'est pas seul dans une relation, chacun a sa part de responsabilité dans la dégradation de la relation. La remise en question est nécessaire des deux côtés.
- Cette séparation fait partie de notre chemin de vie et il est important d'en tirer des enseignements positifs pour ne plus commettre les mêmes erreurs.
- Personne n'est à l'abri d'une séparation et elle n'est pas dégradante.
- L'échec n'existe pas. C'est important de requalifier la fin de la relation : il s'agit d'une expérience, parfois même d'une expérimentation, d'un bout de chemin de vie !
- Une fois la séparation accomplie, les parents aimants et respectueux font de leur mieux pour accompagner, réconforter et soutenir leurs enfants.

CHAPITRE 7

Un nouveau partenaire change-t-il la donne ?

« Un clou chasse l'autre », disait ma grand-mère !

Remplacer à la hâte un conjoint, qu'il soit défaillant, « abandonneur » ou abandonné, peut s'avérer utopique. De même, il peut être illusoire de vouloir rester seul – à tout prix – pour ruminer ses erreurs ou son échec dans l'espoir d'y trouver une solution, au risque d'isolement.

En revanche, il est plus utile de prendre conscience de la réalité de l'ancienne relation. Cette prise de distance permet de mettre fin à l'envahissement ou à l'emprise de certains partenaires.

Se retrouver soi-même, « indemne », entraîne un retour bénéfique de la confiance, en soi et dans les relations amoureuses.

Préférer la solitude

Jules n'a pas de nouvelle partenaire. Il préfère rester seul pour être tranquille. Il est plutôt sauvage et n'a pas envie d'aller vers les autres. Il se considère de plus en plus comme un « ours ». « Non, je n'en ai aucune envie actuellement. Je recherche de la tranquillité. Depuis longtemps, je ne vais pas trop vers les autres. En règle générale, ils m'ennuient assez rapidement. C'est très prétentieux de dire cela, je le reconnais. Maintenant, j'ai encore moins envie d'aller vers les autres. Je suis plus cérébral que sociable. Je vis une sorte de mutation génétique, un processus d'oursification bien avancé. »

L. O. – Faire face à un(e) ex toxique est très coûteux en énergie et en disponibilité, tant physique que psychique. Jules ne souhaite-t-il pas tout simplement du repos pour se revigorer ?

S. T. – Effectivement, c'est une question de bon sens et même de sagesse. Après une période aussi éprouvante, il est vital de prendre le temps de se retrouver soi en entier et, plus encore, de bien se reposer pour recontacter ses forces profondes.

L. O. – Jules a-t-il mis en place une stratégie d'évitement pour ne pas retomber sur une personne à problèmes ?

S. T. – Au-delà d'un ressourcement nécessaire, il est possible que la crainte de revivre les mêmes déboires rende beaucoup plus prudent, si ce n'est attentiste. Par ailleurs, en vieillissant, les personnes éprouvées se rendent compte qu'elles ont moins d'énergie qu'avant pour se remettre de leurs épreuves et cherchent alors à davantage se préserver. Là encore, c'est une forme de sagesse.

Comprendre pour évoluer

À la suite de sa séparation, Fanny reconnaît qu'elle a des difficultés à faire confiance et à être amoureuse. Elle a peur de souffrir de nouveau : « Pour moi, le changement de partenaire n'a résolu aucun problème. »

L. O. – Fanny a-t-elle besoin d'une psychothérapie pour ne pas renouveler les mêmes erreurs ?

S. T. – Il est vrai que, tout seul de son côté, il est difficile de repérer les schémas amoureux ou relationnels que nous avons tendance à répéter. C'est également très ardu de trouver par soi-même comment transformer nos modes de relation. Une thérapie est la bienvenue pour nous aider à le faire, grâce à la distance et à l'expérience du praticien. Grâce aussi au temps que l'on accepte de s'accorder régulièrement pour faire le point et évoluer.

Pour d'autres personnes, l'après-rupture est plus propice à une évolution personnelle.

Le fait de comprendre que son ex-conjoint était pervers a permis à Victoria de se resituer, puis de relire leur histoire autrement et de repartir sur de bonnes bases : « Ce n'est pas le changement de partenaire qui a changé les choses, c'est le déclic que j'ai eu qui m'a ouvert la voie pour aller vers autre chose. »

L. O. – Victoria a compris le trouble de l'homme qui l'a cruellement laissée tomber. Ne risque-t-elle pas d'aborder ses prochains partenaires sous l'angle de la psychopathologie ?

S. T. – Toute expérience douloureuse laisse des traces, et même des marques profondes. Nous ne souhaitons pas connaître de nouveau de telles souffrances, alors nous prenons les devants. Parmi ces précautions censées nous protéger, on peut trouver la tendance à voir des malades ou des pervers un peu partout, en tout cas plus qu'il n'y en a vraiment et à ne plus réussir à accorder sa confiance à l'autre. L'équilibre entre discernement et confiance est difficile à trouver. Trop de lucidité rend pessimiste et pousse à se replier sur soi-même ; trop peu de clairvoyance empêche de repérer les obstacles réels ou les risques potentiels dans la relation.

Retrouver la confiance et la fraîcheur du premier amour

Loïc souhaite sincèrement tirer les leçons de sa précédente relation. Il cherche à développer la confiance, une communication facilitée, une meilleure compréhension : « Une nouvelle partenaire est une chance. L'histoire passée, l'échec nous permettent de faire plus attention, de repartir avec plus de maturité dans une relation. Quand on est amoureux, c'est toujours une première fois. Je pense qu'à deux on est mieux quand ça colle. Il y aura toujours des difficultés, mais quand on trouve une personne avec qui on peut parler et partager c'est fantastique. Je n'ai pas l'impression de régler des problèmes en changeant de partenaire, c'est juste que dans cette nouvelle relation, nous sommes compatibles, donc ça avance dans le bon sens. »

L. O. – Comment peut-on faire confiance à 100 % quand la précédente relation a été dévastatrice ?

S. T. – Déjà en évitant de vouloir absolument trouver une confiance parfaite, car cela n'existe pas, même dans la relation amoureuse la plus harmonieuse. Ensuite, comme je le disais pour Victoria, les épreuves douloureuses que nous avons connues lors de relations antérieures nous ont profondément marqués. Il est alors difficile de faire complètement confiance ou, en tout cas, d'accorder sa confiance naïvement, voire aveuglément, comme on a pu le faire auparavant. Disons que nous devenons forcément plus vigilants. Le critère serait donc d'essayer de repérer si nous sommes devenus méfiants, ou si nous sommes simplement plus vigilants. Si nous sommes devenus plus méfiants, il vaut mieux aller interroger nos peurs ou nos croyances limitantes dans le cadre d'une thérapie, pour nous en libérer et pouvoir de nouveau aimer réellement.

De façon plus ou moins similaire, Sofia a redécouvert la confiance grâce à un homme très différent, fiable, dans un nouveau type de relation. Elle ne tremble plus chaque fois que son ex-partenaire souhaite la contacter : « Ce qui a fondamentalement changé avec mon nouveau compagnon, c'est la confiance. Je n'ai plus tremblé à chaque coup de téléphone, à chaque bip de réception de textos. J'ai rencontré un homme qui ne sait même pas allumer un ordinateur... et donc qui ne pourra pas passer sa vie dans la rédaction de mails équivoques à ses ex... ☺ »

L. O. – Les angoisses récurrentes qui tournent à l'obsession (comme le signal d'arrivée d'un texto) sont-elles le marqueur d'un profond dysfonctionnement dans le couple ?

S. T. – Une relation amoureuse vécue dans le respect mutuel ne génère ni angoisse ni stress. Cette hantise de l'apparition de l'autre, physiquement en chair et en os ou par le biais virtuel d'un message, d'un appel téléphonique, prouve que c'est la peur qui régit la relation et non la confiance. Il ne s'agit alors plus d'une relation d'amour mais d'un rapport de force, avec le risque d'être sous la terreur et de s'épuiser à vouloir survivre malgré tout.

Sortir de l'emprise

Pour Paul, la fin de l'emprise passée lui a permis de se retrouver lui-même, à travers sa liberté de pensée, de parole et d'action, puis de reprendre en main son existence. Il a pu alors développer une nouvelle relation amoureuse de bien meilleure qualité, fondée sur la confiance réciproque, plus de plaisir, notamment grâce à une sexualité épanouie, et à une vie professionnelle plus active. Concrètement aussi, avoir changé de partenaire lui a permis de résoudre son dysfonctionnement financier, de retrouver ses amis, ses frères et sœurs, etc.

« Je gère moi-même mes finances et fais maintenant les choses en temps et en heure, pour les factures et les impôts. C'est un grand soulagement et je ne pensais pas que j'y prendrais autant de plaisir. Je suis moi-même en permanence. Je ne suis plus obligé de faire attention à ce que je dis ou fais. Ce qui n'était pas le cas avec mon ex-épouse car je faisais attention continuellement à ne pas dire ou faire quelque chose qui m'attirerait ses foudres. Je peux enfin parler librement de mes relations professionnelles féminines sans que ce soit un problème. J'avais pris l'habitude avec mon ex-épouse, pour éviter les scènes de jalousie, de n'avoir plus que des collègues hommes, ce qui – bien entendu – n'était pas le cas.

» Je prends plus de plaisir à voyager pour mon travail (ce qui m'arrive fréquemment). Brigitte me manque mais je ne pars plus pour fuir ; être impatient et heureux de revenir est un nouveau plaisir. Je travaille plus sereinement. Avant, mon épouse m'appelait (et me demandait de l'appeler) plusieurs fois dans la journée, que je sois au bureau ou en déplacement professionnel. J'ai aussi une vie sexuelle épanouie.

» J'ai retrouvé de vieux amis que je ne voyais plus (mon épouse m'ayant éloigné de tous mes anciens amis) et qui, je m'en aperçois maintenant, me manquaient beaucoup. Et je suis de nouveau très proche de mes frères et sœurs, dont je m'étais un peu éloigné aussi. »

L. O. – Les tentatives d'isolement sont-elles un signe de l'emprise ?

S. T. – Oui, assurément. Dans la plus grande majorité des situations d'emprise, la personne « emprisonneuse » se débrouille pour éloigner les proches de celle ou celui qu'elle emprisonne. Pour trois raisons au moins. D'abord, cela permet d'exercer une domination exclusive, donc excluante, sur l'autre. Ensuite, cela l'affaiblit, le dévitalise peu à peu, car nos relations affectives sont aussi une source d'énergie, une nourriture importante pour tout être humain. Enfin, cela empêche que des personnes extérieures à l'emprise puissent repérer celle-ci, donc la dénoncer.

L. O. – L'obligation de mentir serait-elle un autre signe d'emprise ?

S. T. – Souvent aussi, oui. La personne mise sous emprise peut se sentir poussée à cacher ce qu'elle vit, donc parfois à mentir aussi, pour se protéger et préserver un espace intime hors emprise, dans la mesure du possible. Lorsque la relation dure longtemps, le mensonge devient une façon de déjouer la surveillance et de résister au contrôle de celle ou celui qui domine la relation. Un peu comme la contrebande dans une société autoritaire ou comme une forme de résistance contre l'occupation dans un territoire conquis par un envahisseur.

S'engager dans une thérapie

Louis reste seul pendant quelques années, puis il rencontre plusieurs femmes qui ne le respectent pas. Une psychanalyse l'aide à repérer ce schéma relationnel faussé, à en comprendre l'origine dans sa relation avec sa mère et à s'en dégager : « Après la rupture, je suis resté célibataire pendant environ trois ans. Au sortir d'une longue période, je me suis aperçu que mes relations avec les femmes n'avaient pas la sérénité que je pouvais en attendre. De fait, j'ai rencontré une série de femmes qu'on peut toutes qualifier de manipulatrices, jusqu'à une soi-disant "psychothérapeute" qui détient le pompon de la catégorie. Non, aucune nouvelle partenaire ne m'a réellement aidé à résoudre mes problèmes. »

L. O. – Comment expliquer que Louis tombe uniquement sur des femmes manipulatrices ? Cela peut-il être corrélé à l'image de la femme ou de la mère ?

S. T. – Nous sommes tous attirés par ce que nous connaissons le mieux, c'est-à-dire par ce que nous avons déjà vécu et qui a formé en nous un modèle de relation avec les autres. La relation aux parents (ou à leurs substituts) est une relation fondatrice pour chacun de nous. Louis a pris conscience que sa mère était une femme menteuse, enjôleuse et mystificatrice. Il s'était toujours senti mal à l'aise avec elle, il avait compris progressivement qu'il ne devait pas la croire, mais il ne s'était pas rendu compte de l'impact que ses manipulations avaient eu sur lui. Lorsqu'il a pu déceler qu'il cherchait à sauver les femmes perverses de leur malveillance, comme il avait essayé de le faire avec sa mère, tout en croyant qu'il était assez fort pour leur tenir tête, il a pu changer de mode relationnel et rencontrer une femme douce, vraiment féminine, respectueuse de lui et capable de l'aimer réellement.

L'engagement dans une psychanalyse a aidé Stéphane à comprendre ce qu'il avait mal vécu dans sa relation précédente ; une nouvelle relation l'a également aidé : « J'ai commencé une psychanalyse un peu avant la séparation avec mon ex-femme. C'est cette démarche-là qui m'a le plus aidé à évoluer, mais je dois reconnaître aussi que l'amour que me témoigne ma nouvelle compagne me donne des ailes, dans la vie, dans mon travail. Je ne me reconnais plus. Je suis bien dans ma peau. Je suis heureux. »

L. O. – Une psychanalyse est-elle forcément longue ou peut-elle être courte et efficace ?

S. T. – Une psychanalyse, ou toute démarche thérapeutique en profondeur, est effective donc efficace dès la première séance. Progressivement, la patiente ou le patient change de regard sur elle-même ou lui-même, sur ses proches, sur son histoire, puis développe de nouvelles façons de penser et d'agir. Une psychanalyse peut durer plus ou moins longtemps pour diverses raisons : le désir de continuer à mieux se connaître, le besoin de prendre soin de soi et de soulager ses souffrances, le souhait de continuer à évoluer, le vœu d'être plus créatif, l'importance de la relation thérapeutique, etc.

Noémie est seule depuis sa séparation. Elle se consacre à ses enfants et à elle-même. Une démarche thérapeutique de mise en conscience et d'évolution lui permet de se dégager de très longues années de souffrance : « Pour moi, la psychanalyse a changé la donne. C'était vraiment vital de comprendre tout ce qui m'était arrivé. J'ai rencontré mon mari très jeune. Il était très séducteur et déjà menteur. Il m'a fait beaucoup souffrir, m'a trompée souvent, a trempé dans plusieurs magouilles... En fait, il ne s'est jamais vraiment intéressé à moi et à nos enfants. Il n'y en avait que pour lui. Devenir lucide et prendre conscience de tout cela a été très rude, j'ai souvent été sens dessus dessous, cela m'a demandé plusieurs années, mais cela me permet enfin de prendre ma vie en main et de repartir du bon pied. »

L. O. – Lorsqu'on a été victime d'un(e) menteur(se), notre cerveau émotionnel enregistre une menace. Peut-on gommer (dans les expériences futures) la peur inscrite dans notre cerveau archaïque ? Si oui, par quelles techniques ? EMDR ? hypnose ?

S. T. – Vivre avec une personne malhonnête, fondamentalement menteuse, dévalorisante ou maltraitante engendre un état de stress permanent qui s'apparente à un traumatisme. Une des nombreuses conséquences de ce traumatisme est que le cerveau est en alerte quasi continue pour tenter de faire face aux menaces de nouvelles attaques. Une fois que la relation nocive est terminée, le cerveau reste encore très longtemps sur ce mode du qui-vive. Il est intéressant de noter que de nombreuses formes d'hypersensibilité découlent de ce haut niveau de stress émotionnel. Une thérapie est alors nécessaire afin d'aider le cerveau à retrouver un niveau de calme suffisant, pour bien vivre au quotidien sans être tout le temps sur ses gardes. Les thérapies qui semblent les plus efficaces sont le neurofeedback, l'EMDR ou RITMO, l'hypnose, la sophrologie, la Gestalt-thérapie, la méthode TIPI et la méditation.

*

L'enjeu de la reconstruction – seul(e) ou avec un nouveau partenaire – est de se débarrasser des réflexes de protection inscrits dans notre inconscient. Ce n'est pas chose aisée. Cela demande beaucoup de temps, de courage et, souvent, une thérapie en profondeur pour se débarrasser de ces peurs qui nous empêchent de faire encore confiance et de nous engager.

CHAPITRE 8

Un quotidien encore envahi par l'ex-conjoint

Nous sommes nombreux à devoir faire face à des ex-partenaires plus ou moins envahissants et à les considérer comme des contraintes fortes, voire des entraves.

Je me souviens de cet homme d'affaires, rencontré à une soirée, harcelé par son ex depuis… une quinzaine d'années !

Quinze ans de menaces, d'appels incessants, de textos, de chantage au suicide, d'interventions malveillantes auprès de son employeur et d'intimidation violente sur ses nouvelles conquêtes.

Comment est-ce possible me direz-vous ?

De la culpabilité, beaucoup de culpabilité, ajoutée à l'impossibilité de faire disparaître son numéro de téléphone sur internet, son enseigne devant être visible pour la bonne santé de son entreprise.

Il a joué au chat et à la souris avec son ex pendant des années et a saccagé toutes ses histoires d'amour à cause de ce chewing-gum collé à sa chaussure.

À 40 ans, toujours célibataire et sans enfants, il avait finalement renoncé à faire sa vie d'homme et aurait pu finir seul sans l'aide d'une psychothérapeute.

Devant ce harcèlement sans fin auquel il s'était étonnamment habitué, la psychothérapeute a dû faire preuve de fermeté pour le sortir de ce piège dans lequel il s'était enfermé lui-même par manque de discernement, mais aussi par manque de courage.

Car l'ex en question s'avérait être une femme perverse, un tyran très manipulateur. Pas de chance, le pire tableau…

Par manque de lucidité (et d'amis perspicaces qui auraient pu l'éclairer), il était devenu le seul responsable de la dérive malheureuse de sa vie personnelle.

Nous allons ainsi comprendre dans ce chapitre comment éviter la pollution, ou l'emprise, d'ex-conjoints envahissants.

L'entente cordiale

Maintenir une relation bancale

Jules a tendance à se rendre disponible pour l'autre et à garder de bonnes relations : « Mon penchant à être toujours disponible pour aider si je peux. En revanche, j'évite de relancer, de prendre des nouvelles. »

» Comme je ne donne pas de nouvelles, elle passe avec sa moto au magasin où je travaille et vient à nos balades du dimanche avec les clients. »

L. O. – Jules maintient volontairement le contact avec son ex en lui proposant des sorties à moto. Entretient-il sciemment l'ambiguïté ?

S. T. – Oui, probablement que Jules a mis fin à leur relation parce que son ex-compagne avait tenté de se suicider devant lui, mais qu'il ne s'est pas réellement séparé d'elle. Leur relation continue autrement.

L. O. – Est-ce rendre service à son ex-compagne que d'agir ainsi ? Peut-elle faire le deuil ?

S. T. – Non, c'est sûr qu'il ne rend pas service à son ex-compagne en restant dans l'ambiguïté. C'est perturbant pour elle et cela ne l'aide pas à passer à autre chose. Le risque est d'entretenir une forme de marasme sous-jacent, préjudiciable pour l'un et pour l'autre.

L. O. – Couper net n'est-il pas finalement plus bienveillant que ces petits contacts répétés dans le temps ?

S. T. – Oui, il vaut mieux une séparation claire et nette, complètement définitive pour que les blessures puissent vraiment cicatriser et que chacun puisse vraiment continuer son chemin.

Rester dans le flou

Guy constate le paradoxe d'une séparation non suivie de modifications du train de vie : « Ne pas avoir fixé les règles financières claires à notre séparation est un sujet majeur qui a généré de la rancœur de sa part. Je devenais redevable à ses yeux de couvrir ses nouvelles charges et ne pouvais m'exonérer de toutes ces responsabilités au nom de ma liberté retrouvée, bien que cette nouvelle situation produise des charges nouvelles pour moi. Et aucune explication n'était acceptée ! »

Le manque de prises de position claires conduit à des drames plus profonds. Il génère des souffrances pour tout le monde et conduit à une détestation sans fondement : « Mon ex-femme refuse de me rembourser une dette financière non négligeable alors qu'elle en a les moyens, tout en disant aux enfants qu'elle le fera... mais ne s'y engage jamais. Elle développe une rancœur imaginaire pour tenter de s'exonérer de ses obligations à mon égard. »

L. O. – La rancœur et le ressentiment sont-ils toxiques pour tout un chacun ? Dans quelle mesure ? Quels en sont les effets ?

S. T. – Un sentiment est une émotion qui s'installe et qui peut même être entretenue par des pensées déplaisantes, par la production et le ressassement d'idées qui maintiennent le problème en l'état. Dans le domaine des relations affectives, certains sentiments peuvent devenir nocifs comme la rancœur qui entretient l'amertume et le ressentiment qui nourrit la détestation. En vouloir à l'autre, de façon plus ou moins furieuse et continue, met en place une toile de fond défavorable à l'évolution de la relation. Dans le cas d'une séparation, cela entrave le processus du deuil amoureux, mais cela empêche aussi la séparation réelle. En vouloir à l'autre permet de rester dans une forme de relation virtuelle toxique avec elle ou lui. Rancœur et ressentiment engendrent de la rancune et tout semble alors tourner en rond dans une revendication sans fin.

Se recentrer enfin sur soi

Sofia comprend qu'elle ne peut pas lutter en vain en attendant que l'autre change : « J'ai mis quelques années à comprendre que je ne pouvais pas lutter contre les démons de mon ex-mari. Qu'il fallait que j'accepte l'importance de son ex dans sa vie – donc dans notre vie – ou qu'il me faudrait partir. J'ai totalement coupé avec lui par respect pour mon nouveau mari. »

L. O. – Pourquoi Sofia accepte ce ménage à trois dès le début ? Pourquoi n'arrive-t-elle pas à quitter son mari malgré sa souffrance ?

S. T. – Bien des drames en amour découlent de ce que l'on accepte des situations bancales pour ne pas « perdre » l'autre et l'on s'accroche à une illusion, en évitant de regarder la réalité en face, en faisant comme s'il n'y avait pas de problème. On confond alors « amour » et attachement. On se raconte une histoire qui ne tient pas debout. Se leurrer soi-même n'empêche pas d'être malheureux, au contraire. Il ne reste alors que ses yeux pour pleurer, comme le dit la sagesse populaire.

L. O. – Sofia ne perd-elle pas du temps en s'installant dans cette situation malsaine puisqu'elle le quittera quelques années plus tard pour cette même raison ?

S. T. – Oui, c'est un gâchis de temps, d'énergie et de confiance. Combien de personnes savent qu'elles sont en train de vivre une relation bancale mais préfèrent continuer à faire une mauvaise expérience plutôt que de vivre une vraie relation amoureuse saine et épanouissante. L'habitude des relations toxiques et malsaines dans certaines familles peut prédisposer à ce manque de discernement. La tendance à la fusion ou à la dépendance affective aussi. Enfin, l'orgueil peut jouer un rôle aussi ou le dépit : certains préfèrent continuer à souffrir sans trop le montrer plutôt que de reconnaître qu'ils se sont trompés, qu'ils n'ont pas choisi une personne qui leur correspond, etc.

Comme une ombre en soi

Pour Fanny, les difficultés perdurent en elle après la séparation… alors que son ex-conjoint a « complètement disparu » de sa vie : « J'ai beaucoup de mal à faire confiance à mon nouveau conjoint, j'ai du mal à être follement amoureuse, à vivre avec lui et à fonder une famille… J'ai un sentiment de peur encore parfois présent. Je perds encore confiance en moi. »

L. O. – D'où vient la peur de Fanny ?

S. T. – Il s'agit d'une peur traumatique caractéristique. Fanny a été gravement abusée et utilisée par son ex-compagnon. Même si rationnellement elle sait que cette fâcheuse histoire est terminée, sa mémoire émotionnelle a enregistré les situations de souffrance et les forts niveaux de stress qu'elles ont engendrés en elle. Cette mémoire est encore active. Comme toute forme de stress post-traumatique, il n'est pas possible de se raisonner. La mauvaise expérience a laissé des traces profondes, sous forme d'incrustations. Fanny a besoin de temps pour que les nouvelles expériences heureuses de sa nouvelle relation amoureuse puissent recouvrir, voire remplacer, le souvenir perturbant des précédentes.

Quand l'enfer continue

L'acharnement destructeur

Pour Victoria, « le plus pénible est que toutes ses démarches se font dans l'ombre »: harcèlement, surveillance, intrusions de la part de son ex-conjoint, qui ont induit en elle doutes, peurs et lassitude. En fait, il s'agit d'un véritable acharnement.

« Cet homme a réussi son pari de faire dévisser ma société. J'ai donc connu une liquidation judiciaire. Partant de là, il a tout fait pour récupérer chaque dossier qui me concernait. S'est ensuivi un contentieux avec ma banque que j'ai mis quatre années à gagner et où je savais qu'il était dans l'ombre de tout ce qui se passait: ma mandataire judiciaire était la fille de l'avocate de la banque (donc de la partie adverse…) et, lorsque j'ai gagné en première instance, il s'est subitement retrouvé officiellement nommé juge sur mon dossier. Au même moment sa femme m'a demandé en "amie" sur un réseau social et la personne à qui j'ai vendu mon fonds de commerce m'a indiqué qu'elle venait de l'appeler "pour faire connaissance". J'ai dû aller au tribunal demander qu'il soit dessaisi.

» La banque a fait appel mais, bizarrement, dès que j'ai affirmé haut et fort que je ne laisserais rien passer, trois semaines après, la banque se désistait de l'appel. J'ai donc définitivement gagné contre ce géant de la profession.

» Cet homme malveillant faisait intrusion par le biais de son statut de juge et s'arrangeait pour dire: "Je n'y suis pour rien".

Il y a quatre ans, sa voiture était en vente dans un garage à quelques centaines de mètres de mon lieu de travail. Je sais que c'était volontaire, simplement une bonne raison de rôder autour de moi sans avoir à justifier de quoi que ce soit. »

L. O. – À quel profil psychopathologique est-on confronté ici ?

S. T. – Il s'agit d'une forme dure et caractérisée de perversion. Le témoignage de Victoria montre que la perversion se nourrit de la haine de l'autre et d'une volonté manifeste de le détruire, de le faire souffrir volontairement et de l'écraser sciemment, avec cette absence de respect, de retenue et de scrupule qui fait froid dans le dos. Dans chaque histoire de ce type, ce qui est le plus inquiétant, c'est que très souvent la justice ne joue pas son rôle de protection du citoyen, mais joue plutôt le sale jeu du pervers, amplifiant dangereusement sa puissance d'action.

L. O. – Comment, dans l'exemple du début de ce chapitre, Victoria est-elle restée fascinée par la méchanceté et la destructivité de son ex-amant ? Comment est-ce possible ?

S. T. – Pourquoi tant de personnes lisent des romans policiers ou regardent des films de guerre, d'épouvante ou d'horreur ? Pourquoi la mort attire-t-elle autant ? Comment est-il possible que tant de personnes regardent sans broncher des scènes de viol ou de torture dans des séries télévisées à des heures de grande écoute ? Le mal semble fasciner la plupart des individus. Cette fascination leur fait perdre le sens des valeurs humaines élémentaires et le respect de la vie d'autrui. Ce qui est vrai au niveau social l'est aussi pour les individus. Dans une relation gangrenée par la perversion, le pervers fascine sa cible autant par son pouvoir de séduction que par sa facilité à faire le mal. Cela demande non seulement du temps, mais surtout de la force et du courage, pour s'en rendre compte et se dégager de l'emprise de cette fascination nocive, qui peut être fatale pour celles et ceux qui n'y arrivent pas.

Des enfants sous influence

Le fils de Paul a coupé les ponts avec lui, principalement parce que son ex-femme est toujours en colère à son égard : « Durant la première année, mon ex pouvait laisser jusqu'à des dizaines de messages vocaux en quelques heures. Elle m'a envoyé environ cent pages de messages écrits en un an (j'ai dû les imprimer pour mon avocate). Oui, c'est trop... »
Paul reconnaît que c'est en arrêtant « le robinet à menaces et insultes » que son ex-femme ne fait plus trop intrusion dans son quotidien. Laisser l'autre tranquille permet donc aussi d'être plus tranquille en retour, comme si accepter une relation toxique ou s'en plaindre ne faisait que l'entretenir et la nourrir en retour.
« En revanche, je reçois toujours des messages écrits sur WhatsApp (que je ne bloque pas au cas où il arriverait quelque chose à mon fils), par salves. Parfois quatre à cinq très longs messages de suite en un jour, puis plus rien pendant deux mois. Pendant les premiers mois, c'était tous les jours, puis au moins une fois par semaine après que j'ai coupé tout contact de mon côté. »

L. O. – On voit souvent des ex-femmes avoir un comportement de harcèlement théâtralisé. Elles dramatisent volontairement la situation et se donnent en spectacle. Quand les ex sont des hommes, les comportements de harcèlement ont-ils une autre apparence ?

S. T. – C'est une question difficile car la réponse pourrait facilement devenir extrêmement sexiste, donc indirectement misogyne. Depuis quelque temps, toutes les études sur les genres, notamment en sociologie, en psychologie et en anthropologie, prouvent que les comportements des femmes et ceux des hommes sont appris, induits par la culture dans laquelle grandissent les filles et les garçons, avec des variantes familiales. Dire que les femmes sont plus théâtrales, c'est observer que certaines cultures (occidentales notamment) tolèrent ou entretiennent l'expression exaspérée des femmes alors qu'elles exigent plus de sobriété, de retenue ou d'indifférence de la part des hommes. Dans ces mêmes cultures, beaucoup de femmes se plaignent que les hommes n'expriment pas leurs émotions. Ce que chacun oublie facilement, c'est que les hommes sont programmés pour ne pas exprimer leurs émotions au sein de cultures qui considèrent que les sentiments sont réservés aux femmes, parce que pas assez virils !

Matthieu a connu intrusions insidieuses, chantages et pressions auprès des enfants. Comme pour Paul, son fils aîné ne veut plus le voir : « Les difficultés qui demeurent après dix ans de séparation sont liées au fait que le jour où j'ai quitté mon ex-compagne, elle m'a dit qu'elle me pourrirait la vie jusqu'à son dernier souffle et c'est vrai qu'elle a tenu parole. » Aujourd'hui, Matthieu n'a plus aucun contact avec son ex-conjointe. Ils ne s'adressent même plus la parole. Il reçoit un courrier annuel, lui disant ce que seront les périodes de vacances pendant lesquelles il pourra s'occuper de ses enfants, ainsi que le nouveau montant de la pension alimentaire mensuelle, calculé sur l'indexation du coût de la vie. Pourtant, son ex-compagne fait intrusion dans sa vie actuelle de façon insidieuse. « Elle se sert toujours des enfants pour m'atteindre. Elle leur a parlé de moi en mal pendant des années alors que, moi, je ne leur disais rien, pour les épargner, les protéger. Jusqu'au jour où j'ai compris, en voyant mes enfants changer radicalement d'attitude vis-à-vis de moi et de ma nouvelle compagne.

» En fait, elle a dit à mes enfants que si j'étais parti c'est parce que je n'en avais rien à faire d'eux et que je préférais vivre avec une autre

plutôt que d'assumer mes devoirs de père. Mes enfants ont tous été atteints par ce venin verbal. Je suis malheureux aujourd'hui car mon fils aîné est fâché contre moi.

» Il est retourné chez sa mère. Je l'ai revu six mois après dans un bar de la capitale. Depuis ce jour où il est parti, il n'a jamais remis les pieds chez moi et cela fait plus d'un an que je ne l'ai pas vu. »

L. O. – Comment peut-on éviter ce grand classique : l'intoxication d'un enfant par un parent malveillant et menteur ?

S. T. – Malheureusement, on ne peut pas vraiment éviter qu'un enfant soit influencé par chacun de ses parents et, lorsqu'il est petit, principalement par sa mère puisqu'elle est plus proche de lui au quotidien. Elle a donc plus de temps pour façonner ses pensées dans le sens qui lui convient. Si, en plus, l'un des parents est manipulateur, il saura habilement orienter la pensée de l'enfant dans le sens qui lui convient le mieux. C'est le drame de toute forme d'emprise.

Les enfants deviennent un enjeu

Après la séparation, les difficultés sont différentes : il ne s'agit plus du couple mais des enfants et de la façon de s'en occuper. Autour des enfants, il y a désormais quatre parents. L'équilibre est donc d'autant plus complexe à trouver. La mésentente perdure alors que le quotidien ne lie plus les anciens conjoints.

La pression sur l'autre peut donc être exercée par le biais des enfants : contraintes de toutes sortes et exigences très fortes, souvent pour empoisonner son existence.

Loïc s'insurge : « La présence de mon ex est uniquement néfaste. Elle n'existe que dans la confrontation, pour entraver ceci et empêcher cela. Les retours constamment en retard, les départs de vacances toujours conflictuels. L'éducation nationale nous dit que les vacances débutent tel samedi après les cours, une ligne plus loin on nous dit que les enfants qui n'ont pas cours le samedi terminent alors le vendredi après les cours. Tout pourrait sembler clair, mais un parent envahissant va jouer sur tout. À cela s'ajoute la non-remise de papiers d'identité des enfants, les demandes précises de lieux de résidence pendant les vacances sans jamais les mentionner elle-même. Des demandes toujours plus exigeantes. Bref, tout tourne autour du seul lien qui reste : les enfants ! »

L. O. – Est-ce qu'une psychothérapie (pour le parent harcelé par son ex-conjoint) peut aider un enfant, un adolescent, à faire la part des choses pour ne pas tomber dans le piège tendu par le parent malveillant ?

S. T. – Oui, bien entendu, une psychothérapie aidera ce parent à mieux comprendre le harcèlement, quels sont les moyens de pression qu'utilise l'ex-partenaire pour exercer une influence, puis à prendre de la distance, autant avec la personne malveillante ou dérangée qu'avec la situation pesante. Cela peut également permettre au parent harcelé d'expliquer à son ou ses enfants qu'ils ne sont pour rien dans ce qui leur arrive. Seuls les déséquilibres, l'orgueil ou la malveillance du parent harceleur sont à l'origine de cette situation particulièrement douloureuse ou perturbante.

De la même façon, l'ex-femme de Louis le tient à l'écart et ne lui donne pas d'informations sur leur enfant. Pendant longtemps, elle fait tout pour influencer leur fils en le montant contre son père par de fausses informations.

« Aujourd'hui, notre fils a 16 ans et je ne suis plus obligé de passer par Joséphine, sa mère, pour le voir et lui parler. Ainsi, elle ne peut plus profiter de sa position dominante comme elle l'a souvent fait dans le passé. Elle continue, malgré tout, de ne pas communiquer sur la vie de Marc, ce qui contribue à me tenir à l'écart, et comme mon fils est peu bavard je dois me contenter de miettes. Plus Marc grandit, plus l'image de Joséphine disparaît dans le paysage global de mon existence… »

Louis sent quelquefois la présence de Joséphine et de sa famille dans les propos de Marc : « Il arrive que Marc tienne des propos xénophobes qui manifestement ne lui appartiennent pas en propre. Lorsque je lance une discussion, il admet que son opinion ne repose sur rien de tangible. J'ai été exposé de nombreuses années au mode de pensée du clan et je reconnais ses émanations au travers de mon fils. Ces idées vont toutes dans le sens de l'exclusion et du jugement sans appel de l'autre. »

L. O. – Comment éviter que son enfant ne tombe sous la coupe intellectuelle de l'autre parent ?

S. T. – Cela prend du temps, mais il est possible d'exercer une contre-influence, bénéfique celle-là, en aidant l'enfant à se poser des questions. Il comprend alors qu'il n'est pas obligé de croire ce qu'on lui dit et qu'il peut, chaque fois, prendre d'abord le temps d'y réfléchir et de le confronter à la réalité des faits, etc. Il est bon aussi de favoriser un dialogue ouvert, de proposer des points de vue différents, de favoriser des lectures diversifiées, d'encourager l'enfant à penser par lui-même.

Se venger en rendant la vie impossible

Dans le cas de Stéphane, la même lutte d'influence se retrouve : son ex-femme braque les enfants contre la nouvelle compagne de leur père et lui impose toutes sortes de contraintes.

« Mon ex-femme a été très jalouse quand elle a appris par les enfants que j'avais une nouvelle compagne. Elle a réussi à les monter contre elle, surtout mon fils aîné qui est devenu dur et provocateur avec elle, qui lui en fait voir de toutes les couleurs. Il s'enferme dans sa chambre, refuse de manger, bouche les toilettes avec du coton, se plaint de s'ennuyer, boude, râle pour un rien, espionne nos conversations et rapporte tout à sa mère. Quand il vient, il répète les propos injurieux de sa mère concernant ma compagne. Certains moments sont vraiment très pénibles. »

Son ex-femme pinaille sans cesse sur les horaires et les dates, les week-ends, les vacances : « Selon elle, les habits que j'achète pour les enfants ne sont pas beaux ou convenables. Je lave mal leur linge, je le fais mal ou trop sécher, ou pas assez. Je nourris mal mes enfants. Je ne les emmène pas chez le médecin lorsqu'il faudrait ou je les emmène lorsqu'il ne faudrait pas. Je ne leur propose pas les bonnes activités, etc. Elle a même été imaginer que j'avais enrôlé mes enfants dans une secte. Elle me reproche toutes sortes de bêtises qui n'ont rien à voir avec la réalité. Cela peut être loufoque, mais le plus souvent c'est assez désespérant. Quoi que je fasse, ce ne sera jamais bien. »

Elle fait intrusion dans sa vie actuelle « par des lettres, de longs mails, des textos, des appels téléphoniques qui virent au harcèlement ».

L. O. – La vengeance permet-elle d'étancher un besoin chez le parent délaissé ?

S. T. – La vengeance est perdante à tous les coups, elle n'est qu'une fausse solution. Elle ne s'avère ni valable ni viable. Elle n'est que destruction et entraîne malheur sur malheur. La vengeance ne sert qu'à assouvir un besoin de domination et de destruction gratuite, ainsi qu'un refus du réel tel qu'il est. Il existe aussi des personnes qui ne supportent pas le bonheur des autres et font tout pour le massacrer. Incapables d'aimer, elles ne veulent pas que l'ex-conjoint puisse connaître l'amour de son côté avec une autre personne.

L'ex-mari de Noémie lui envoie de longs messages, suspend le paiement de la pension, empêche la clôture du compte commun à la banque, retarde la vente de la maison, la fait surveiller par les enfants et par des amis, ne donne aucune information sur les enfants quand ils ont été avec lui, refuse tout accommodement amiable pour faciliter la vie quotidienne des enfants, etc. : « Le père de mon ex m'a même envoyé une lettre d'injures, en me maudissant et me promettant le pire. Il reprend exactement les mêmes mensonges que son fils et m'accuse, à tort, de tous les maux. »

L. O. – Comment naissent la violence et la haine dans ces cas les plus extrêmes ? Un ego blessé qui ne peut faire face ? une blessure d'orgueil ? un tyran insoupçonné qui se réveille ?

S. T. – Tout cela à la fois, avec des variantes d'une personne à l'autre. La haine de l'autre reste un mystère quant à son origine. Aujourd'hui, nous pouvons décrire assez précisément comment opère la haine et comment elle détruit, mais il est très difficile de comprendre d'où elle vient, sa raison d'être. Pourquoi la haine ? Certains affirment qu'elle est un choix pour obtenir plus d'énergie. D'après eux, la jouissance de détruire l'autre leur apporte de l'énergie et devient leur carburant. Pourtant la joie aussi apporte beaucoup d'énergie. Alors pourquoi un tel choix ? D'autres insistent sur le refus de l'amour, le refus de l'humain et le projet cynique d'entraver la relation, comme une forme extrême de pouvoir sur l'autre…

Les erreurs les plus fréquentes sont :
- Rester disponible pour l'autre, malgré les souffrances.
- Penser qu'il (elle) va changer avec le temps.
- Accéder à toutes les exigences après la séparation pour ne pas se sentir coupable.

Le « drame des ex » se profile surtout quand les enfants représentent un enjeu.

Sans enfant, seule une rupture franche et une déconnexion complète peuvent permettre de sortir de l'emprise d'anciens partenaires.

Pour éviter les dégâts psychologiques sur les plus jeunes, il est nécessaire de les protéger grâce à des tuteurs qui ne sont pas les parents ou les proches des parents. Cela peut être un éducateur, un psychologue, un pédopsychiatre, quelqu'un d'indépendant et surtout d'extérieur au milieu familial.

Ainsi, l'enfant pourra acquérir un juste discernement sur la guerre que se mènent ses parents, afin de faire la part des choses et de ne pas être l'objet de manipulations.

CHAPITRE 9

Certains ex-conjoints se révèlent toxiques

Les médias relatent régulièrement des faits divers plus ou moins graves mettant en cause d'ex-conjoints. De simples affaires de cœur peuvent ainsi dégénérer en affaires de mœurs.

Menaces téléphoniques, harcèlement physique, pression financière, chantage au suicide, menaces sur les enfants, figurent parmi les faits les plus graves.

L'idéal serait de disparaître afin de ne plus être « approchable » ou « localisable ». Cela est souvent impossible lorsqu'il y a des enfants en commun.

Vivre sous la menace de l'autre

Les abus de pouvoir

L'ex-conjoint de Victoria menace de la détruire et de la ruiner. D'après elle, cet homme s'est révélé trouble, toxique, dangereux, manipulateur, retors, violent moralement, tyrannique.

« Il a essayé d'acheter mon avocat et tenté de l'influencer pour me lâcher… Il avait réussi son pari avec ma première avocate qui m'a abandonnée. J'ai été très inquiète lorsqu'il m'a dit : "Tu sais que je peux ruiner ta carrière si je veux." (Il était juge au tribunal de commerce.) L'autre comportement dangereux est de s'apercevoir que même dix ans après et malgré un éloignement de 150 kilomètres, il apparaît encore sur mes dossiers avec un pouvoir dessus.

» Il est violent moralement uniquement, mais avec un potentiel non négligeable. Par exemple, il m'a dit : "Je ne vais jamais au front, je fais faire aux autres." »

L. O. – L'expression « Je fais faire [le sale boulot] aux autres » fait froid dans le dos. Cet homme annonce clairement sa préméditation. Est-ce un comportement de prédateur ?

S. T. – Oui, clairement, c'est même un comportement typique des psychopathes et des dictateurs, qui annoncent l'ampleur des sanctions ou des représailles qu'ils infligeront à celles et ceux qui refuseraient de leur obéir et ils tiennent parole, ils exécutent froidement ce qu'ils ont annoncé.

L. O. – L'abus de pouvoir dans le domaine professionnel sonne-t-il comme une volonté de destruction totale de l'autre ?

S. T. – L'abus de pouvoir est déjà un acte délibéré de domination, que cette domination soit impérieuse et visible ou plus pernicieuse. Il exprime le mépris de l'autre et de ses ressentis, une négation de sa réalité humaine, en tant que personne digne de respect. Dans les cas graves, comme pour Victoria, les abus de pouvoir de son ex-compagnon sont effectivement une tentative de l'écraser, de la détruire et de la réduire à néant : une forme de haine qui vise au meurtre de l'autre.

Un acharnement sans scrupule

Selon Paul, son ex-femme s'est révélée tour à tour trouble, toxique, dangereuse, manipulatrice, retorse, violente et tyrannique. La liste peut paraître longue et l'évaluation exagérée, pourtant elle correspond bien à la triste réalité des faits. Elle est même allée jusqu'à proférer de nombreuses menaces contre lui et à s'introduire dans sa famille. Elle a également tenté de lui faire signer des attestations sur l'honneur inconsidérées pour l'empêcher de divorcer.

« Il y a eu tellement d'actes violents à mon encontre. Par exemple, j'ai subi un harcèlement et des menaces téléphoniques, ou écrits, à un rythme conséquent, à moi et à ma nouvelle compagne. Un soir, comme nous n'avons pas décroché (je précise que Brigitte n'a jamais répondu à un seul de ses messages écrits ou vocaux), elle a fait ce qu'elle menaçait de faire, elle a appelé ma mère pour lui dire qu'elle ne verrait plus jamais son petit-fils (qui a 23 ans).

» Quand j'ai décidé de ne plus lui répondre au téléphone (en juillet 2016, onze mois après mon départ de chez moi), elle a menacé (par messages vocaux et écrits) durant vingt-quatre heures environ, toutes les heures, de téléphoner à mon travail et plus précisément à ma hiérarchie, si je ne décrochais pas. Elle mettait des ultimatums : "Si tu

ne m'as pas rappelé à 18 heures, je téléphone à ton travail." Elle était très coutumière des ultimatums. Quelques mois avant, elle avait proféré la même menace (toujours avec une pression de temps : "Si dans deux heures...") pour la signature des fameuses attestations dont j'ai parlé. Cette dernière fois, en juillet, n'ayant pas obtempéré, elle a mis ses menaces à exécution et a appelé deux de mes chefs au travail. Elle a raconté que je la laissais dans la misère, alors que je donnais encore 80 % de mon salaire, soit 3 200 euros par mois, et elle m'a accusé auprès d'eux de faire de fausses notes de frais...

» Elle a appelé la mère de ma compagne – ce qu'elle avait aussi menacé de faire si je ne la rappelais pas dans l'heure – et lui a dit que sa fille était une putain. »

L. O. – Contacter la mère de la nouvelle compagne ainsi que la hiérarchie professionnelle de l'ex, est-ce une entreprise de terre brûlée quand il ne reste plus d'autre accès à l'autre ?

S. T. – Exactement. C'est l'opération de la dernière chance, un ultime assaut que l'on voudrait mortel, ou au moins décisif, pour atteindre cet ex-conjoint sur lequel on n'a plus aucune prise, comme pour garder un contact coûte que coûte malgré une séparation effective et irréversible. Dans ce cas, la motivation repose sur l'orgueil, le dépit et la soif de vengeance chez une personne tellement égocentrée qu'elle ne pense qu'à elle et en oublie le ridicule de ce type d'action, la preuve qu'elle donne de son dérangement mental. Plus profondément, cela dénote aussi jusqu'où peut aller la dépendance à l'autre, lorsque l'attachement (qui n'était décidément pas de l'amour) se transforme en haine furieuse ou féroce, en volonté de tout souiller et de tout ruiner.

Une campagne de désinformation

Selon Stéphane, son ex-épouse était aussi despotique que toxique, tour à tour manipulatrice, retorse, violente psychologiquement. Elle influence les proches, utilise les enfants, sème le doute et la confusion, le fait surveiller...

« Elle a beaucoup manipulé nos enfants. Elle a aussi très souvent fait circuler des mensonges sur moi et sur ma nouvelle compagne. Elle était coutumière des injures, des propos orduriers envers nous. Elle m'a souvent menacé de ne plus voir mes enfants. »

Stéphane a pu constater à quel point son ex-femme est dominatrice et autoritaire : « Lorsqu'elle ne domine plus directement, elle cherche à détruire et devient méchante. Par exemple, elle a réussi à monter tous nos amis communs contre moi, jusqu'au conseiller de clientèle à la banque, qui surveillait mes dépenses et lui faisait un rapport ! J'ai dû changer de banque... Elle avait même essayé de monter ma famille contre ma nouvelle compagne. Cela a fonctionné un temps, puis mes parents ont fini par comprendre qu'ils avaient été influencés. Aujourd'hui, mon fils aîné refuse régulièrement de venir me voir. Cela me rend très triste car j'ai toujours eu une très bonne relation avec lui... »

L. O. – Pourquoi les ruptures révèlent-elles la vraie personnalité des gens, notamment les côtés autoritaires et dominateurs passés longtemps inaperçus ?

S. T. – La personne autoritaire et dominatrice ne montre pas son vrai visage lorsque tout se passe bien, particulièrement durant l'état de grâce du début d'une relation. Lorsque les premiers désaccords surviennent, elle peut rester encore relativement discrète si elle parvient à maintenir suffisamment son ascendant sur l'autre ou à le faire plier après coup, notamment en obtenant de lui des excuses et en ne s'excusant pas elle-même. Enfin, lorsque le partenaire ne se laisse plus faire et qu'il commence à comprendre qu'il est dominé, ce type de personne renforce sa pression despotique. Elle est alors amenée à révéler, comme malgré elle, la réalité indéniable de sa personnalité autoritaire.

L. O. – Perdre le pouvoir sur le conjoint rend-il folles ces personnalités embusquées ?

S. T. – Oui, tout à fait. Lorsque le masque de la normalité tombe, ces personnes révèlent leur (grande) part de folie et tombent dans une sorte de démesure incontrôlable qui met au jour leur réalité profonde, souvent la violence, la cruauté et la haine qui les habitent, leur soif de pouvoir et leur mégalomanie parfois aussi. C'est exactement ce que j'appelle la « folie cachée* ».

L. O. – Comment débusquer les personnalités autoritaires qui se cachent ? Quels sont les comportements qui peuvent nous alerter ?

S. T. – Il est très difficile de les débusquer, principalement parce que ces personnes ont mis au point au fil des années un savant système de camouflage de leur folie, voire de leur psychopathie. Ce système de camouflage est très raffiné, parfois redoutable, et il s'appuie principalement sur l'apparence de la normalité. Ainsi, le premier signe qui doit alerter est une trop grande normalité, ce que l'on appelle en

* Voir S. Tomasella, *La Folie cachée*, Paris, Albin Michel, 2015.

psychopathologie une « suradaptation ». Ces individus sont trop propres, trop corrects, trop gentils et accommodants, trop retenus, trop lisses, trop conventionnels et conformes, encore plus que conformistes, etc. Bref, ils sont irréprochables et trop parfaits. Ils savent répondre à tout, se faire passer pour des anges ou des modèles. Ils sont exemplaires : le gendre idéal, la femme parfaite, le collègue inespéré, la patronne dont tout le monde rêve… Voilà les véritables signes d'une folie habilement dissimulée derrière le masque de la vertu et de la norme sociale. On peut d'ailleurs se rendre compte que cet excès de perfection est surprenant et bien peu naturel. Ce sont des personnes froides, calculatrices et artificielles, souvent très brillantes. Lorsque cette façade en trompe l'œil commence à s'effriter, d'autres signes plus inquiétants vont apparaître et seront plus faciles à déceler. Le risque, pourtant, est de ne pas oser y croire, tellement ces signaux sont en décalage avec le vernis d'un discours officiel passe-partout et ultrapolicé.

Magouilles à la mairie

Au fil des années, Noémie a vu son ex-mari devenir une sorte de voyou, de petit truand, impliqué dans des trafics d'influence avec la municipalité. Très séducteur et manipulateur, il a pu être particulièrement vicieux. Menteur, il a mis au point des malversations financières concernant une maison qu'il a achetée, en utilisant la signature de sa femme, pour la revendre après, seul de son côté. Il s'est également servi de ses fréquentations politiques pour isoler drastiquement son ex-épouse, faire le vide autour d'elle et lui faire perdre l'appartement dans lequel elle était restée avec les enfants !

« Mon ex-mari était très fort pour me pousser à me mettre en colère, moi, puis il disait aux enfants de regarder comme je m'énervais tout le temps. Il a toujours essayé de me faire passer pour la méchante et de me faire endosser le mauvais rôle à sa place. »

L. O. – « Regardez comme maman s'énerve tout le temps ! » Renvoyer sur l'autre le défaut que l'on a soi-même ou lui attribuer la responsabilité de la situation, n'est-ce pas le signe le plus patent des personnages manipulateurs ?

S. T. – Là encore, en effet, il s'agit d'un retournement de situation typique des personnalités perverses. Il s'agit de se débrouiller pour renvoyer la culpabilité sur l'autre en lui faisant porter le poids de sa propre culpabilité. Cette habile mystification fonctionne tant que la personne qui en est la cible se laisse culpabiliser. Au contraire, elle devient inopérante lorsque les faits réels et concrets qui constituent les fils de la manipulation sont mis en évidence, et que l'autre ne se laisse plus impressionner par ce petit jeu aussi sadique que vicieux.

L. O. – Les séducteurs sont-ils souvent des manipulateurs ?

S. T. – Oui, vraiment, car séduire l'autre est déjà une forme de manipulation, c'est important d'en prendre conscience. Aussi, les magazines féminins ou masculins qui ont prôné la « séduction » pendant des années ont-ils (involontairement ?) favorisé le développement de la manipulation dans la relation à l'autre : il fallait séduire un partenaire sexuel, un client, un employeur, un collègue, etc., c'est-à-dire devenir un as de la manipulation ! Dans le domaine amoureux, il n'est pas nécessaire de séduire, c'est même inutile, car le charme de l'un et de l'autre agit naturellement, ainsi que le bonheur d'être ensemble, de se voir, de se parler, de se toucher. La magie amoureuse réelle n'a aucun besoin de « séduction ». Pour revenir plus spécifiquement à ces relations amoureuses qui ont mal tourné, vous remarquerez que la plupart d'entre elles ont commencé par de la séduction, et non par un attrait réel. Ce forçage des débuts était en fait un abus de pouvoir, une manipulation qui en annonçait bien d'autres, moins agréables, après...

L'ambiguïté d'une relation qui dure

Sofia s'est rendu compte à quel point son ex-mari était toxique, manipulateur et retors. De surcroît, menteur et cachottier, il avait en fait continué une relation avec son ex-femme.

« Je me souviens de ses prises de position pour défendre son ex contre moi. Sa prétendue culpabilité à son égard. Sa compassion constante pour elle. Il a fini par lui acheter de l'immobilier pour se déculpabiliser... Chaque fois qu'il m'offrait quelque chose, il lui offrait autre chose... pour qu'elle ne se sente pas abandonnée !

» Le jour de notre mariage, son ex n'a pas voulu venir. Je lui ai dit que c'était la meilleure preuve pour moi que cette femme l'aimait encore. Elle est venue. Devant tout le monde, elle s'est écroulée. Il l'a tenue dans ses bras de longues minutes devant ma famille et mes amis.

» Le jour de notre départ en voyage de noces. L'avion allait décoller. Il a voulu lui téléphoner en urgence pour lui demander de lui enregistrer une émission de télé... J'ai pleuré dans les toilettes de l'avion.

» Nous avons loué un appartement confortable. Six mois après, elle pleurait tellement de n'avoir elle, qu'un petit appartement, dont il détenait la moitié des parts, qu'il lui a acheté un terrain à Belleville...

» De nombreuses fois, j'ai retrouvé des textos qui indiquaient qu'ils avaient déjeuné ou passé le week-end ensemble chez nous... lorsque je n'étais pas là. »

L. O. – Cette relation montre-t-elle de la culpabilité ou de l'attachement amoureux ? Les deux sont-ils forcément liés ?

S. T. – Dans cette relation se trouve beaucoup de culpabilité, de fusion, de dépendance et d'impossibilité à se séparer de l'autre. Ici, la culpabilité est le moteur d'une forme d'attachement morbide à l'autre, qui n'est pas de l'amour mais de la peur de mal faire et, plus encore, de la peur de déplaire. La faiblesse de cet homme (ou sa pathologie) réside dans son incapacité à faire un vrai choix et à se consacrer à une seule femme à la fois, à s'engager dans une seule vraie relation amoureuse. Du coup, il n'est vraiment là pour personne et tout le monde en souffre, lui-même au premier chef.

Tromperies et dissimulations

Un voleur mystificateur et maladif

D'après Fanny, son ex-conjoint était « dérangé, manipulateur, tordu et violent ». Surtout, il était voleur : il a dérobé des bijoux, de l'argent, etc. Sa famille, elle aussi, a été soulagée de se débarrasser de lui.

« Je ne sais pas pourquoi il voulait se marier si vite... Peut-être avait-il peur que je découvre qui il était réellement. Je me souviens qu'il me

demandait tout le temps en mariage alors que je refusais chaque fois... Le mariage n'a jamais vraiment été mon truc et surtout je n'étais pas amoureuse.

» Puis un jour, il m'a fait sa demande devant toute une bande d'amis, ambiance bon enfant avec le vin qui vous rend euphorique, j'ai dit oui ou plutôt je n'ai pas osé dire non. Puis, surtout, je n'ai pas osé annuler cette demande. Je m'en sentais totalement incapable...

» Pendant la séparation, beaucoup de langues se sont déliées surtout du côté de sa famille, notamment son plus jeune frère et une de ses tantes, la sœur de sa mère. Ils ont décrit mon ex comme quelqu'un de dangereux, dont ils avaient peur. Quelqu'un de psychologiquement dérangé. Ils m'ont donné des exemples précis et, de fait, ils l'ont toujours éloigné d'eux volontairement. Petit, il avait failli tuer son petit frère, il volait les bijoux de sa mère, volait de l'argent dans son portefeuille, etc.

» Cela a été un choc pour moi car personne ne m'avait jamais rien dit. C'était comme si, grâce à moi, toute sa famille s'était enfin débarrassée de lui... Même son père était soulagé.

» Ce garçon de bonne famille, né avec une cuillère en argent dans la bouche, très cultivé, parfaitement trilingue, avait une manière de raconter des histoires avec tellement de conviction, toujours tiré à quatre épingles. Celui à qui l'on donnait le bon Dieu sans confession n'était en réalité qu'un "imposteur".

» En fait, il n'avait ni famille ni amis... et moi j'ai été assez naïve pour croire en ses mensonges. Il a réussi à me manipuler d'une telle manière que je n'ai rien vu. Vraiment je ne comprends toujours pas comment il a réussi à me berner. C'est ce qui est pour moi le plus difficile à accepter... »

L. O. – Le plus dur n'est-il pas de s'avouer avoir été aveuglé par quelqu'un, d'avoir manqué de discernement ? Cela a-t-il quelque chose à voir avec la honte ?

S. T. – Oui, certainement. Il s'agit ici, encore une fois, d'un cas de « folie cachée ». Fanny peut se demander comment elle a fait pour ne pas se rendre compte dès le début, ou beaucoup plus tôt, que cet homme était un mystificateur. En dehors du dépit, ou de regrets inévitables, elle a certainement honte de s'être laissé mystifier, c'est-à-dire de s'être laissé bercer d'illusions et amadouer à ce point. Oui, comment a-t-elle pu croire à tout ce déballage de mascarades et de mensonges ? Ne dit-on pas que l'amour rend aveugle ? En fait, ce n'est pas l'amour qui rend aveugle, c'est plutôt l'idéalisation amoureuse, ce mouvement psychique par lequel nous voulons absolument faire de l'autre un prince charmant alors qu'il ne l'est pas. Pourquoi ? Parce que ainsi Fanny pouvait, elle aussi, jouer le rôle de la charmante princesse, et que ce rôle devait être bien agréable à tenir pour elle, quoi qu'on en dise.

La haine qui empoisonne les cœurs

Matthieu a vu son épouse devenir toxique, dangereuse, manipulatrice et même violente : « J'ai du mal à en reparler aujourd'hui, car rentrer dans les détails serait équivalent à retourner le couteau dans la plaie. Ce qui me chagrine le plus dans cette histoire, c'est que mes enfants ont été les témoins, puis les otages de cette séparation et qu'aujourd'hui ils sont les victimes d'une mauvaise utilisation de l'intelligence, d'un mauvais amour qui s'est transformé en haine. »

L. O. – L'exemple de la séparation dramatique de ses propres parents peut-il influencer nos futures relations de couple et comment ?

S. T. – Nous choisissons souvent des partenaires amoureux qui ressemblent à l'un de nos parents. Inconsciemment, nous avons aussi tendance à rejouer les drames que nous avons connus ou dont nous avons été les témoins directs. Même si nous ne les rejouons pas à l'identique, nous les rééditons jusqu'à ce que nous puissions mieux les comprendre, les mettre à distance, puis en atténuer progressivement la charge affective et émotionnelle douloureuse. D'ailleurs, pour rester dans le domaine du drame, n'avons-nous pas l'habitude d'apprécier et de rechercher le même type de divertissements ? Certains assisteront volontiers à des opéras particulièrement tragiques, d'autres liront des romans noirs ou des récits de malheurs, d'autres encore rechercheront les films de guerre, de combats ou les histoires de trahison, d'abandon, d'orphelins, d'exils, etc. Cette prédilection pour le même type de drames, que ce soit dans nos loisirs ou dans notre vie réelle, provient de notre histoire ou de celle de nos parents et grands-parents. Lorsque la répétition de ce que nos ascendants ont vécu se fait à l'aveugle et que nous avons l'impression d'être prisonnier d'un schéma relationnel qui nous rend malheureux, une thérapie s'avère nécessaire.

Enfumer ses propres enfants

Loïc déplore le recours systématique aux mensonges et aux chantages, ainsi que l'utilisation malsaine des enfants…

« Le plus éprouvant concerne les mensonges aux enfants sur les faits et toutes ses interprétations de la réalité. Mon ex-femme a une faculté diabolique à faire souffrir les enfants quand ils ne vont pas dans son

sens. Elle n'a pas hésité à faire présenter sa fille de 7 ans devant le juge pour la faire témoigner en sa faveur afin de demander une garde totale. Sachant qu'au sortir du bureau du juge, elle allait lui acheter un chien. Elle n'a pas hésité à laisser notre fils de 10 ans sans prendre de ses nouvelles pendant un mois de vacances pour lui faire payer son audition devant le juge, car il voulait rester avec moi. Elle a déposé quatorze mains courantes pour des motifs d'une idiotie rare : Monsieur vient faire une bise à sa fille à la sortie de l'école alors que ce n'est pas sa garde ou pour avoir invité mon fils de 10 ans à manger le midi alors qu'il était seul chez mon ex et sans surveillance au tout début de notre séparation. » J'avais voulu bien faire en la prévenant et c'est un appel de mon avocat qui m'a éberlué.

Elle n'hésitait pas à mentir aux uns et aux autres pour obtenir des attestations en sa faveur. Elle utilisait le silence en guise de réponse. L'enfermement en guise de dialogue, y compris envers les enfants. De même, elle maintenait les doutes sur la moindre chose concernant les enfants. Elle mentait continuellement aux enfants pour paraître faible et victime de tout. La liste est trop longue pour être exhaustive... »

L. O. – Nous sommes ici face à un phénomène malheureusement classique : la prise en otage des enfants. La malveillance de cette mère (elle ne veut pas le bien-être de ses enfants) à l'égard de sa jeune progéniture est-elle pathologique ?

S. T. – Cela peut arriver à bien des personnes de faire du chantage, notamment affectif, pour obtenir ce à quoi elles croient tenir vraiment ou pour ne pas s'avouer vaincues. Le chantage est une forme de manipulation assez courante. Nous y sommes tellement habitués que nous n'y prêtons pas assez attention. En revanche, chez certaines personnes très égocentriques, très dominatrices, ou les deux, le chantage est une arme de combat, une façon de faire plier l'autre. On retrouve donc ici des pathologies lourdes, qui vont de la perversion à la psychopathie en passant par la paranoïa. Reste à savoir s'il s'agit d'une véritable pathologie, ou s'il ne s'agit que de dépit et de volonté de vengeance chez une personne particulièrement imbue de sa personne, qui met en place ce type de stratégies pour ne pas perdre le contrôle de la situation ou pour ne pas perdre la face (devant sa famille, ses amis, ses enfants et, surtout, devant elle-même). Le fait de ne pas vouloir le bien de ses enfants est fréquent chez les parents qui ont « eu » des enfants par conformisme social et non du fait d'un réel désir personnel ou comme le fruit d'un amour réel pour l'autre.

Rétention d'informations

Louis a dû faire face à de fausses accusations, à des dissimulations, mais aussi à la rétention d'informations importantes concernant leur fils…

« Après la rupture, Joséphine a eu durant des années une attitude agressive et vindicative, me reprochant par exemple d'être un mauvais père alors qu'elle faisait tout pour torpiller ma relation avec Marc, notre fils. Elle s'est comportée comme si j'étais l'unique responsable de la séparation.

» Elle a tenu absolument à ce que nous passions devant le juge, car elle craignait que je ne m'enfuie avec notre fils, ce qui est un comble, vu les conditions de son départ. En fait, elle voulait pérenniser la pension alimentaire que j'avais mise en place spontanément.

» Je pense que Joséphine a pu regretter ses actes mais sans en admettre la cruauté. Ainsi, elle s'est "vengée" d'elle-même à travers moi. Cela s'est exprimé par un refus plus ou moins conscient de me faire partager

la vie de Marc : pas de nouvelles transmises spontanément, rétention d'informations diverses (médicales et scolaires notamment), informations données très largement décalées dans le temps ce qui empêchait la rencontre : par exemple ne pas donner la date de leur départ en vacances ou dissimuler l'information en prétextant un oubli. »

L. O. – Faire payer à ses enfants (que l'on est pourtant censé aimer), est-ce aussi préjudiciable pour soi-même ?

S. T. – Cette question de ce que l'adulte fait subir à ses propres enfants revient souvent dans les séparations et les divorces lorsque les forces aveugles des récriminations, des revendications, voire de la vengeance, font oublier ce qui est bon et juste pour eux au profit d'une guerre d'ego. Le plus souvent, lorsque les enfants ne sont pas respectés, c'est qu'ils ne sont pas vraiment aimés. Il n'est pas possible de manquer de respect à un être que l'on aime, sauf très rarement et ponctuellement dans un moment de colère, dont on se repent aussitôt. Cela montre que « faire des enfants », c'est encore trop souvent céder à une pression sociale ou à une tradition plutôt qu'un acte d'amour. Dans tous les cas, et encore plus si la relation avec ses enfants est bonne, « faire payer ses enfants » ou les utiliser comme monnaie d'échange est préjudiciable pour tout le monde, autant pour eux que pour les adultes. Tout le monde y perd. La grande question serait de comprendre pourquoi, si souvent, les enfants sont oubliés au moment des séparations et des divorces ? Qu'est-ce donc qui se joue d'inconscient entre les adultes pour qu'ils soient si peu attentifs à leur(s) enfant(s) ? Tôt ou tard, elle ou il leur en voudra de l'avoir méprisé(e), utilisé(e) ou d'avoir agi contre son intérêt. Il ne peut en être autrement. Chaque parole que nous proférons et chaque acte que nous commettons a des conséquences. Nous en sommes responsables.

Tant de mauvaise foi

L'ex-épouse de Guy était une femme trouble, toxique et manipulatrice, mais plus encore mutique et procédurière : « Ce qui m'a le plus sidéré a été de recevoir une lettre recommandée avec accusé de réception, pour m'adresser une liste de mensonges et déclarations de mauvaise foi. À mon avis, c'était une façon délibérée de s'inscrire encore davantage dans la détestation à mon égard.

» Elle avait aussi des comportements irrespectueux et calculateurs, tactiques même, comme ne jamais répondre aux messages simples et amicaux, même à ceux qui ne concernent que les enfants, ou faire usage des conseils d'une avocate pour policer ses courriels et ses textos ! »

L. O. – Que dénote le recours intempestif aux avocats pour des broutilles ?

S. T. – Il existe trois grands cas de figure. Premièrement, c'est la preuve d'une impuissance : les parents séparés ne savent pas comment aménager leur divorce et les temps avec les enfants. Ils se rendent compte (l'un d'eux au moins) qu'il est préférable de recourir à un tiers neutre qui connaît bien le droit. Cela permet d'aplanir les difficultés et d'apaiser la situation, donc tout le monde y gagne. Deuxièmement, l'un des ex ne respecte ni son ancien partenaire, ni les enfants, ni même la loi. Le recours au droit est alors nécessaire pour poser une limite à l'arrogance de la personne cynique et sans scrupule, puis mettre fin à des abus répétés et inacceptables. Troisièmement, il peut s'agir enfin de mauvaise volonté caractérisée, voire de malveillance. Le recours aux avocats devient alors une manœuvre pour embêter l'autre, une tactique pour lui causer des ennuis, l'attaquer, lui empoisonner l'existence, etc.

*

Comment se protéger des ex-conjoints les plus toxiques ?

Avant tout, n'oublions pas que garder un lien avec eux, même infime, a une portée énergétique très importante, avec le risque d'être profondément déstabilisé.

Que vous receviez des textos d'insultes ou des messages vocaux débordant de vengeance, leur nocivité est comparable à celle colportée par les mots prononcés face à vous.

Ne rien lire, ne rien entendre (ou le moins possible) : telle est la consigne.

En ce qui concerne les enfants, l'idéal est de trouver un médiateur (objectif et distancié) qui organisera les congés ou les questions financières, par exemple.

Les médiateurs familiaux sont rares, mais un avocat, un notaire ou un conseiller conjugal peuvent accepter de jouer les intermédiaires, selon un contrat annuel.

Demandez-vous aussi de quelle façon vous pourriez, vous aussi, peut-être à votre insu, entretenir encore un lien nocif. En lâchant du lest, en prenant plus de distance, vous changerez la donne et pourrez déployer votre énergie pour vivre le meilleur, définitivement loin de l'ex-conjoint toxique…

- Il vaut mieux réduire au strict minimum organisationnel le lien avec un ex-conjoint, à plus forte raison si elle ou il est malveillant ou envahissant.
- Il est inutile de se justifier ou de répondre aux messages désagréables, aux insultes, aux tentatives de chantage, etc.
- Le plus important est de vous focaliser sur les bons moments que vous vivez aujourd'hui, sans ressasser le passé...

CHAPITRE 10

Que faire pour se protéger ?

Le drame des ex est-il une fatalité ?

Non, assurément, car certaines situations éprouvantes mettant en scène d'anciens partenaires pourraient être évitées.

Voici quelques idées pratiques pour se prémunir de la pollution des ex-conjoints et mieux vivre après une séparation.

Face au harcèlement

Le harcèlement de l'ancien partenaire est, sans nul doute, l'expression la plus douloureuse de la guerre que mènent les ex, pour la simple et bonne raison qu'il peut durer des années !

Ce travail de sape est préjudiciable à notre santé nerveuse et psychique. Il peut hypothéquer la reconstruction de notre vie.

Harcèlement de l'ex

Jusqu'où peut-il aller ? Que dit la loi ? Comment se protéger ?

Lorsqu'un partenaire éconduit disjoncte, c'est souvent en raison d'une dynamique sous-jacente liée au dépit. L'abandon qu'il ou elle subit est vécu comme une blessure de son ego, un outrage, une escroquerie amoureuse. Il est donc convaincu d'être trahi et humilié. Il vaut donc mieux toujours veiller à ne pas piétiner l'ego de quelqu'un que l'on quitte.

Ce sentiment d'humiliation pousse certains ex aux pires violences. La loi nous protège, encore faut-il connaître la marche à suivre en cas de débordements.

Voici quelques situations soumises à maître Roland Poynard, avocat pénaliste à Paris.

> *Vous êtes mariés, vivant sous le même toit, la situation est devenue violente et invivable. Qui doit quitter le domicile conjugal ?*
>
> MAÎTRE POYNARD. – « Tout dépend des torts reconnus pendant les supposées agressions. En tout cas, on ne peut pas chasser l'époux (se) du "domicile conjugal" qui est une protection en cas de mariage. Par exemple, si le mari est propriétaire du bien, il doit obtenir une autorisation signée de sa femme s'il veut vendre le domicile conjugal (et inversement). »
>
> *Vous êtes enfin séparés, votre ex vous harcèle physiquement avec dégradation de domicile ou de véhicule. Par téléphone en proférant des menaces réitérées... Quelles sont les preuves retenues par la loi ?*
>
> MAÎTRE POYNARD. – « Les enregistrements téléphoniques et les courriels sont des preuves. »

La loi du 1er mars 1994 (article 222-16 du Code pénal) sur le harcèlement téléphonique prévoit jusqu'à un an d'emprisonnement ferme et jusqu'à 15 000 euros d'amende.

Se défendre face à un ex

> *Si un ex-partenaire se montre dangereux et passe à l'acte après moult menaces, comment se défendre en restant dans la légalité ?*
>
> MAÎTRE POYNARD. – « En ce qui concerne la loi sur la légitime défense, c'est le principe de proportionnalité qui prime. »

Cela signifie que le cran de menace doit être égal ou un peu inférieur dans le camp de l'agressé.

Par exemple, même si votre ex-conjoint débarque par effraction à votre nouveau domicile, et qu'il ou elle est muni(e) d'un couteau, vous ne pouvez pas vous défendre avec une arme à feu, à moins peut-être d'avoir fait, au préalable, un tir de sommation…

Menaces de suicide

La menace de suicide est le chantage préféré des ex-conjoints toxiques. Elle titille notre culpabilité et sollicite notre responsabilité.

Lors d'un chantage au suicide, comment doit-on se comporter ? Trembler et céder ? ou faire l'autruche ? Que risque-t-on par rapport à la « non-assistance à personne en danger » ?

MAÎTRE POYNARD. – « C'est une question de faits. S'il y a déjà eu de nombreuses manifestations de chantage au suicide, on peut être sourd quand l'autre "appelle au loup". Selon la loi, tout citoyen se doit d'empêcher un crime ou un délit ; or le suicide en soi n'est pas un crime. En revanche, pousser quelqu'un au suicide peut être qualifié d'"assassinat" (meurtre avec préméditation), mais encore faut-il avoir les preuves d'une manipulation psychologique ou aussi avoir laissé traîner une arme, des médicaments, les outils qui ont pu servir au suicide. »

Que faire alors pour se protéger devant la loi et ne pas être responsable d'un suicide ?

MAÎTRE POYNARD. – « Il faut prévenir quelqu'un de l'entourage de l'ex, avertir par exemple la famille, l'employeur, un ami ou autre tierce personne et garder les preuves d'avoir fait le relais, garder les courriels, les textos, etc. »

Pour se protéger d'un ex-conjoint dangereux, le recours à la police puis à la justice est indispensable. Une main courante au commissariat ne suffit pas, seules les plaintes ont force de loi.

Pourtant, il est regrettable de constater qu'en raison de l'encombrement des tribunaux et des prisons, ces plaintes restent peu invalidantes.

À moins de franchir l'irréparable, les ex-conjoints toxiques finissent rarement derrière les barreaux et peuvent continuer d'user de malveillance pendant de longues années, et ce malgré les condamnations de la justice.

Les enfants pris en otages

Les victimes innocentes du drame des ex sont bien sûr les enfants. Ils sont très souvent l'objet de conflits de loyauté, d'autant que l'ex quitté les manipule à l'envi.

Comment alors éviter la pression des anciens partenaires sur les enfants, notamment leur instrumentalisation dans le chantage financier ?
L. O. – Y a-t-il un moyen simple de faire comprendre aux enfants qu'ils sont manipulés ?

S. T. – Non, c'est bien là le problème. Il est vraiment très difficile de permettre à des enfants de reconnaître qu'ils sont sous influence. D'abord parce que, par définition, l'emprise du parent manipulateur est bien camouflée, c'est-à-dire qu'elle empêche les enfants de se rendre compte qu'ils sont manipulés. Un petit garçon qui avait mis longtemps à repérer que sa mère les manipulait, sa sœur et lui, m'avait dit un jour, lorsqu'il a pu devenir lucide : « Ça y est, maintenant je vois quand maman utilise sa télécommande pour nous téléguider. » C'était sa façon à lui de décrire l'influence de leur mère. Il avait compris comment elle s'y prenait pour manipuler sa sœur, puis s'était rendu compte qu'elle faisait de même avec lui… Ensuite, chaque enfant éprouve une très forte loyauté envers ses parents, même envers un parent maltraitant. Il aura beaucoup de peine à dénoncer les maltraitances ou les manipulations d'un de ses parents, et même à y croire. Il aura tendance à les nier ou à les minimiser. Enfin, l'une des tactiques classiques du parent manipulateur est de traiter l'autre parent de « manipulateur », voire de « pervers narcissique ». Pour l'enfant, la confusion est alors totale : il ne sait plus qui croire et à qui se (con)fier. Du temps est donc nécessaire pour que les enfants repèrent d'où viennent les véritables manipulations. La consultation d'un thérapeute expérimenté peut s'avérer salutaire.

Sortir de la répétition à l'identique

Après une expérience sentimentale douloureuse, l'idéal est d'éviter de retomber dans des aventures traumatiques similaires.

Pour cela, il est important de ne plus reproduire les mêmes mécanismes d'attachement ou les mêmes manques de discernement. Accepter de changer, grâce à une thérapie ou à une autre démarche, permet de ne pas rééditer une nouvelle relation à l'identique.

L. O. – Peut-on transformer sa façon de tomber amoureux ?

S. T. – Oui. Aussi surprenant que cela puisse paraître, il est possible de ne plus aimer sur le même mode et de ne plus choisir les mêmes profils de partenaire amoureux. Tout simplement parce que notre façon d'aimer est influencée par :

- les couples de nos parents, surtout, mais aussi de nos grands-parents, de certains oncles et tantes ou d'amis proches de la famille ;
- nos croyances et celles de notre entourage sur l'amour et la relation amoureuse ;
- nos précédentes histoires d'amour et les traces qu'elles ont laissées en nous.

En prenant conscience de ces trois types de paramètres, en les évaluant et en repérant comment ils nous influencent concrètement au quotidien, il est possible de réévaluer puis de transformer nos valeurs et nos critères amoureux. Parfois du tout au tout. Jacques Lacan disait qu'il était nécessaire de changer de discours amoureux ! Cela permet de choisir un nouveau type de partenaire amoureux et de vivre la relation amoureuse de façon très différente, le plus souvent de façon beaucoup plus saine, fluide et ouverte, donc plus paisible aussi.

L. O. – Peut-on aussi changer son attraction récurrente pour des profils toxiques ?

S. T. – Là encore, la réponse est oui. Notre histoire, notre relation avec nos parents ainsi que nos traumatismes ont induit en nous des réflexes conditionnés, des automatismes qui nous font aller inconsciemment, c'est-à-dire malgré nous, vers des personnes qui ne nous plaisent pas en tant que telles, mais qui excitent une part enfouie de nous-même en réveillant certains épisodes douloureux. Cette intensité est interprétée, à tort, comme une attraction amoureuse ou érotique, alors qu'il s'agit seulement d'une excitation liée au réveil de notre mémoire traumatique. Le repérage de cette mauvaise interprétation et la compréhension de la façon dont certains traumatismes nous ont marqués permettent de laisser enfin surgir notre désir véritable. L'attraction irrésistible pour les personnes toxiques tombe d'elle-même et nous pouvons alors être attirés par des personnes qui correspondent vraiment à notre aspiration profonde.

Un peu de prévention

Comment éviter les amoureux qui pourraient devenir de mauvais ex ?

Voici une petite typologie non exhaustive des profils à risque. Ils sont présentés en fonction des témoignages de ce livre avec le genre féminin ou masculin des personnes concernées, mais peuvent correspondre autant à des femmes qu'à des hommes.

La mélancolique suicidaire

Personnalité fondamentalement insatisfaite, elle souffre d'un passé difficile et ne parvient pas à être heureuse. Elle pèse sur le devenir du couple en empêchant son développement harmonieux et en entraînant l'autre dans son propre malheur, comme si elle était maudite. Elle peut exprimer son mal-être par des crises éprouvantes. Entre deux crises, l'accalmie peut faire croire à une amélioration, mais il n'en est rien. La mise en scène suicidaire est probablement plus un signal d'alarme détourné, voire un appel au secours, qu'un moyen de pression sur l'autre. Elle peut aussi être une façon de précipiter la fin de la relation, en provoquant la séparation.

Le mystificateur profiteur

Plutôt brillant et paresseux, particulièrement séducteur, ne souhaitant pas se fatiguer mais voulant vivre la belle vie, le profiteur cherche une proie facile. Il choisit de préférence une personne naïve, confiante, généreuse, compréhensive, bienveillante, serviable, suffisamment aisée et bénéficiant de revenus sûrs. Progressivement, en usant de toutes sortes de stratagèmes, d'histoires rocambolesques et de beaucoup de mensonges, il embobine sa partenaire et la parasite autant qu'il peut, c'est-à-dire autant qu'elle le laisse abuser d'elle. Jusqu'au jour où elle se rend compte de sa stratégie vampirique et finit par le congédier.

La tragédienne accaparante

Le plus important pour elle est de montrer à quel point elle souffre, et plus que les autres, plus que tout autre. Elle veut être au centre de l'attention, en demande toujours plus, fait monter la pression, et le jour où la relation amoureuse périclite, elle se lance dans la grande scène tragique, avec violence, larmes, cris, tapage, menaces et tentative (plutôt maîtrisée) de suicide. Souvent incapable de donner et de recevoir de l'amour, sa tactique pour attirer un peu d'attention la rend finalement désagréable et peu crédible aux yeux des autres. La seule arme qui lui reste est alors d'user de son influence auprès de ses enfants, en agissant sur leur culpabilité et en invoquant leur loyauté, le plus souvent pour les monter contre l'autre parent.

Le manipulateur destructeur

C'est le profil le plus haineux puisque les manipulations qu'il met en œuvre ne visent pas seulement à séduire l'autre et à l'amadouer, mais – à terme – à la (le) dominer et la (le) mener à la ruine. Du point de vue de la psychopathologie, il correspond aux pervers, psychopathes et autres sociopathes. Les cas les plus extrêmes peuvent aller jusqu'aux violences physiques, voire à la tentative de meurtre, mais le plus souvent le meurtre psychique ou la torture morale suffisent à assurer leur jouissance barbare. Ils sont insatiables et n'ont pas de limites. Lorsqu'ils peuvent accéder à un poste de pouvoir, ce qui est fréquent, ils en abusent pour terroriser encore plus leur entourage ou leur partenaire, et font volontiers régner la terreur.

L'impératrice

Elle n'a qu'une seule idée, régner. Elle règne sur les autres, en famille, au travail, dans son voisinage et si possible au-delà, voulant mettre aussi les professeurs, les médecins, les enquêteurs, les magistrats sous sa coupe. Elle y parvient le plus souvent du fait de la force de conviction de ses propos, de sa détermination à toute épreuve et d'une croyance inébranlable en son bon droit : elle a toujours raison et l'autre toujours tort, c'est son principe de base. Dans le couple et la famille, les autres ont intérêt à filer doux, à obéir et à se soumettre. Sinon, elle peut devenir très mauvaise, hargneuse, méchante, voire injurieuse et dégradante. Si nécessaire, elle utilise les fausses accusations à l'encontre de ceux qui lui résistent. Pendant très longtemps, elle réussit à obtenir ce qu'elle veut, jusqu'au jour où elle rencontre quelqu'un qui ne se laisse pas impressionner et ne se laisse pas faire. Personne n'est aussi tout-puissant qu'il ou elle voudrait le croire : son autorité, aussi, a ses limites.

Le flambeur sans lendemain

Il veut vivre la grande vie. Il promet monts et merveilles. Il fait rêver sa partenaire. Au début, il trouve un travail prometteur dans une entreprise renommée. Il sait impressionner son employeur, ses collègues et ses supérieurs. Petit à petit, son incapacité à tenir ses engagements déçoit son entourage. Il ment, ne s'excuse pas, arrive en retard à son travail ou à ses rendez-vous, ne vient plus et prétend être malade, etc. Le feu d'artifice est terminé, il n'arrive plus à faire illusion et commence à chercher un autre travail. À la maison, il continue à faire mille et une promesses, puis ne pouvant tenir parole, il sombre bientôt dans l'alcool, la drogue. La déprime le gagne, il ne quitte plus le lit ou reste cloué devant la télévision. Il devient grossier et injurie ses proches. Sa compagne doit assumer seule les charges du ménage. La maison, trop onéreuse, doit être vendue, les voyages sont annulés, les enfants doivent quitter l'école privée prestigieuse dans laquelle ils avaient été inscrits. Un mauvais goût de ruine plane sur la famille désabusée. La désillusion est complète…

Soumise à son clan

Elle a toujours été la bonne fille, rangée, sérieuse, studieuse, qui donne satisfaction à ses parents, surtout à sa mère dont elle est tellement proche et à laquelle elle est complètement soumise. Elle est entièrement dévouée à sa famille, prend aveuglément fait et cause pour chacun des membres de sa tribu, sa loyauté est sans faille et sans discernement. Si bien que lorsque sa mère (son père, un frère ou une sœur) lui demande plus ou moins ouvertement de quitter son compagnon parce qu'il ne correspond pas à l'idéal ou aux valeurs du clan, elle s'exécute sans réfléchir, sans même se rendre compte de l'injustice qu'elle commet, pour son malheur comme pour celui de l'homme qui l'aime, et de leurs enfants.

Le séducteur magouilleur

Volontiers enjôleur, joli cœur et beau parleur, il flatte pour se faire aimer, mais il confond aimer et plaire. Il veut s'assurer du succès qu'il a auprès des autres et cherche à forcer leur admiration. Pour parvenir à briller, et même à éblouir, il passe son temps à entourlouper les autres. Il est capable d'ourdir des machinations financières, des escroqueries prévues et calculées au détail près, en prévoyant les réactions ou les réticences pour mieux les contourner. Si cela lui semble nécessaire, il se chargera de courtiser des personnages influents ou d'entrer en politique pour augmenter son pouvoir d'action. En couple, l'amour ne l'intéresse pas, seulement l'effet qu'il fait sur l'autre, y compris en termes de performances sexuelles. Facilement volage, il sera capable de traîner dans la boue les personnes dont il avait fait l'éloge quelque temps auparavant. Revanchard et ne supportant pas de perdre, il est prêt à tous les coups bas.

La maladive

De nature fondamentalement insatisfaite, elle se plaint de tout. Elle s'est mariée pour faire comme les copines en jetant son dévolu sur un homme plutôt réservé et studieux, qui a bien réussi ses études. Elle veut être sûre de pouvoir au moins profiter de la sécurité financière et du confort matériel. Elle pousse son mari à être ambitieux, à briguer des postes à responsabilité et à demander des augmentations de salaire. Un jour, ne voulant plus partager de sexualité avec lui, elle lui avoue qu'elle ne l'a choisi que pour prouver à son entourage qu'elle aussi pouvait se marier et avoir des enfants. Elle lui demande de faire chambre à part, devient agressive et méprisante à son égard, lui assène reproche sur reproche. Comme il prend de la distance, elle fait mine de tomber malade, consulte de nombreux médecins, prend goût aux soins médicaux. Progressivement, entre sa déprime entretenue et les traitements médicamenteux accumulés, elle tombe réellement malade, sûre de pouvoir enfin s'attacher, voire dominer son mari et obtenir la pitié de ses enfants, à défaut de leur amour.

Le chevalier indécis

Il est aux petits soins pour son ex-compagne, ne manque aucune occasion de lui souhaiter anniversaires, fêtes et autres vœux. Il s'inquiète pour sa santé, la chouchoute, la dorlote, la défend, lui paie ses factures, parfois même son loyer ou lui laisse sa maison. Il déjeune ou dîne encore régulièrement avec elle, surtout lorsque sa femme est en déplacement ou avec ses amies. Chevalier servant de son ex, mais tellement indécis. Au fond pourquoi l'a-t-il quittée ? En fait, il ne sait plus… Peut-être que c'est elle qui s'en est débarrassée, le trouvant trop collant, mais elle sait faire appel à sa générosité sans limites et à son dévouement chaque fois qu'elle en a besoin. Il se laisse faire, complaisamment, trouvant un intérêt à cette situation cocasse et paradoxale. Peut-être a-t-il besoin de plaire à tout le monde ? de ne se fâcher avec personne ? Peut-être n'a-t-il jamais su dire non ? Quoi qu'il en soit, sa nouvelle partenaire commence à se lasser. Qu'à cela ne tienne, il revient vers elle avec force promesses, sans pour autant dire non à son ex lorsqu'elle le sollicitera de nouveau. Perdu entre deux femmes, il ne sait laquelle choisir et ne peut s'engager vraiment dans aucune relation.

Si vous reconnaissez une personne qui correspond de près ou de loin à l'une de ces descriptions, il vaut mieux l'éviter dès que possible sans hésiter et sans retour, autant que faire se peut, et ne pas s'engager dans une relation avec elle. Cela vous évitera bien des ennuis, des épreuves et des douleurs, bien des remords et des regrets aussi.

Conclusion

L'ex-partenaire apparaît souvent comme le troisième homme ou la troisième femme du couple moderne.

Ce personnage est tellement prégnant qu'il devient même un acteur du présent.

Pourquoi sommes-nous si attirés par ce retour vers le passé ?

Cette tentation facile de ce qu'il est convenu aujourd'hui d'appeler le « recouplage » (de la mode lancée par les stars anglo-saxonnes du « recoupling ») s'explique par la peur de la nouveauté, la crainte de souffrir de nouveau qui induit le besoin de sécurisation.

Changer de partenaire est parfois décevant (l'herbe n'est pas toujours plus verte ailleurs) et la quête du mouton à cinq pattes peut s'avérer épuisante. Sorti de l'idéalisation des nouvelles histoires, confronté à la chimère des débuts excitants, on se fait rattraper par la « prime à l'ancienneté » : le poids des années, l'attachement lié au temps… Et on replonge.

D'autant que changer de partenaire ne résout pas tous les problèmes.

C'est pourquoi, il est nécessaire après chaque rupture de prendre le temps d'une autocritique et de définir sa part de responsabilité dans l'échec de la relation.

Les ex-partenaires peuvent hanter le présent de différentes façons. Frontalement bien sûr, par un harcèlement physique ou téléphonique, mais aussi moralement. Ou plus précisément « psychiquement ».

Les « fantômes » des anciennes relations

Il n'est pas nécessaire d'être vivant pour être un ex toxique.

Chez certaines personnes, les ex-conjoints défunts peuvent continuer de hanter l'existence des vivants, du fait de circonstances particulières lors de leur décès (suicide, meurtre, accident, maladie grave).

Cela peut concerner aussi les gens qui sont partis sans donner signe de vie (au Japon, on les appelle les « évaporés ») et qui réapparaissent vingt ans plus tard : l'angoisse…

Le film *Les Fantômes d'Ismaël* (Arnaud Desplechin, 2017) aborde très finement l'angoisse de la réapparition de l'ex et de la pollution – voire de la destruction – du présent.

Enfin, les fantômes peuvent hanter l'esprit des gens qui restent très amoureux de leur ex et qui – même dans leur nouvelle vie – restent dépendants de l'ancien amour avec une préférence nostalgique qui place le nouvel amour dans une situation subalterne.

Seule la liberté

Cet ouvrage n'a qu'un objectif : apprendre à être libre ou libéré des fantômes du passé afin de bien vivre le présent et de bien reconstruire sa vie après la ou les séparations.

Il n'est pas question de gommer son passé et d'en faire une « ardoise magique », comme si rien n'avait existé.

Pour autant, il est utile, pour être heureux dans son présent, de laisser le passé à sa juste place, de le regarder avec indulgence et non avec nostalgie.

Nos ex-partenaires font partie de notre mémoire de vie, de l'expérience vécue par tout notre être émotionnel et psychique.

On peut les remercier d'avoir existé. Notre rencontre avec eux nous a fait grandir et cheminer vers l'être aguerri et lucide que nous sommes devenu.

Grâce à ces expériences, nous avons gagné en clairvoyance sur la relation amoureuse, sur notre façon d'aimer avec nos qualités et nos travers ou même nos troubles.

Accepter de tourner définitivement la dernière page du livre d'un amour est un acte héroïque car il demande courage et maturité.

Table

AVANT-PROPOS 7

INTRODUCTION 9

CHAPITRE 1 – Quitter. Décider de partir : pourquoi ? 15

Quand la situation est devenue invivable ou révoltante 18

L'extinction des sentiments ou la mésentente parentale 26

CHAPITRE 2 – Ruptures et séparations : processus et conséquences 39

Différentes façons de se quitter 40

Une nouvelle relation amoureuse : l'ombre de l'ex réapparaît 41

Le délabrement de la relation conjugale 43

De profondes divergences 46

Les séparations imprévisibles 47

Manipulations, pressions, menaces 49

Les violences et la maladie 52

CHAPITRE 3 – Les ressentis liés à la rupture 59

Le soulagement de l'avoir fait est le premier ressenti 61

La détermination permet de se libérer d'une relation toxique 63

Une fois qu'on est libéré,
de nouvelles prises de conscience apparaissent 65
La morsure de la culpabilité 67
Du choc à l'impuissance 68
Face au vide 72

CHAPITRE 4 – Les deuils d'amour 77
Laisser du temps au temps 78
Certains deuils ont lieu avant la séparation 82
Le chaos et la stupéfaction escamotent le deuil 84
Le deuil est remis à plus tard 87

CHAPITRE 5 – Commencer une nouvelle vie 91
L'insistance du passé :
ceux qui ne tournent pas vraiment la page 92
Revenir à la réalité présente 94
S'engager dans une thérapie 95
Lorsque la vie se déploie de nouveau 96
Retour au pays de l'amour 97
Le travail comme planche de salut 98
Sortir de l'emprise des fantômes du passé 100
Se recentrer sur l'essentiel 103

CHAPITRE 6 – Remords et regrets
embrument le présent 107
Des regrets plus ou moins présents 108
Ambivalence entre regrets et soulagement 111
Pas de regrets mais certains problèmes perdurent 114

CHAPITRE 7 – Un nouveau partenaire
change-t-il la donne ? 119
Préférer la solitude 120
Comprendre pour évoluer 121
Retrouver la confiance et la fraîcheur du premier amour 122

Sortir de l'emprise 124
S'engager dans une thérapie 126

CHAPITRE 8 – Un quotidien encore envahi par l'ex-conjoint 131
L'entente cordiale 132
Quand l'enfer continue 137

CHAPITRE 9 – Certains ex-conjoints se révèlent toxiques 147
Vivre sous la menace de l'autre 148
L'ambiguïté d'une relation qui dure 155
Tromperies et dissimulations 156

CHAPITRE 10 – Que faire pour se protéger ? 167
Face au harcèlement 167
Menaces de suicide 169
Les enfants pris en otages 171
Sortir de la répétition à l'identique 172
Un peu de prévention 174

CONCLUSION 181
Les « fantômes » des anciennes relations 182
Seule la liberté 183

OUVRAGE DE LAURENCE OSTOLAZA
CHEZ ODILE JACOB

Naître ou ne pas naître. Une histoire d'amour, 2015.

Cet ouvrage a été composé
en Electra et en Whitney
par Nord Compo
à Villeneuve-d'Ascq (Nord).

Achevé d'imprimer en avril 2019
sur les presses de la Nouvelle Imprimerie Laballery (58)

La Nouvelle Imprimerie Laballery est titulaire de la marque Imprim'Vert®

N° d'édition : 7381-4537-X – N° d'impression : 903440
Dépôt légal : mai 2019

Imprimé en France